私の赤ちゃんは、先生です。

知っていますか？
幸せを運ぶ赤ちゃんの魔法の力

著：野津隆志
Takashi Notsu

学術研究出版

はじめに

赤ちゃん先生クラスが始まった

ここは神戸市内のS小学校。学校は公営住宅が立ち並ぶ団地の一画に位置する。校舎は昭和レトロのような古い建築だ。休憩時間になると一斉に子ども達が校庭に飛び出し、サッカーや鉄棒を始める。子ども達の歓声が団地の奥まで響いている。

今日は2年生を対象にした「赤ちゃん先生クラス」の日だ。赤ちゃんを連れた母親たち10組がそろいの緑のTシャツを着て集まった。

母親たちは神戸に本部を持つNPO法人『ママの働き方応援隊』（以下、「ママはた」と略記）が事業展開している「赤ちゃん先生クラス」のママ講師たちである。

赤ちゃん先生クラスは、「ママはた」が神戸を拠点に2012年から始めた事業である。クラス開催の場所も参加者の数も急速に増加し、現在では全国規模でこの事業は広がっている。

　クラスの開催先は、小学校だけでなく中学、高校、大学などの教育機関が多い。また、高齢者の介護施設や民間企業の社員研修などでも行われている。私が見学した高齢者デイサービス施設では、近所に住む93歳のおばあちゃんが、赤ちゃんに会うのを楽しみにして毎週自分で歩いてやってくる。

　さて、S小学校に戻ろう。S小学校の図書室では、ママ講師たちの赤ちゃんクラス開催前の打ち合わせが始まった。まず、リーダーのかけ声にあわせて「ママはた」のビジョンとミッションが元気よく唱和される。


「ビジョン！　日本の無縁社会を解消する！」

「ミッション！　子育て中がメリットになる働き方を作る！」


「日本の無縁社会を解消する」というビジョン、「子育て中がメリットになる働き方」というミッションはいったい何のことだろうか。この答えはおいおい本書で詳しく述べることにして、クラス開始までの様子をさらに追ってみよう。

唱和に続いて、母親たちは簡単に今日のスケジュールを確認しあった。皆なごやかに打ち合わせに参加している。ポンチョのようなケープを使って、授乳をしながら話に加わっているママもいる。

体育館にはすでに小学生たちが集合して今か今かと赤ちゃんの出番を待っている。

さあ、いよいよ母親たちと赤ちゃんの入場である。

音楽に合わせて、赤ちゃんを抱いた母親たちが一列になり小学生たちの前に並ぶと、一斉に歓声が上がった。子どもたちは好奇心いっぱいに食い入るように赤ちゃんを見つめる。体育館がいっぺんに明るくなり、楽しげな雰囲気に包まれた。

赤ちゃんには小学生たちを引き込み、自然に優しい笑顔にさせる天性の才能が備わっているようだ。輝く瞳と笑顔を振りまく赤ちゃんたち。時々大きな泣き声を出す赤ちゃんたち。そんな赤ちゃんが先生になり、小学生にさまざまな学びをもたらすのが赤ちゃん先生クラスである。

さあこれから赤ちゃん先生クラスから始まる。クラスではどんな活動が行われるだろうか。クラスへ参加する小学生たちはいったいどんなことを赤ちゃんとの交流から学んでいるのだろうか。本書で詳しく見ていくことにしよう。

本書の背景

本書は、2012年から2016年にかけて、赤ちゃん先生クラスとそこに参加する母親たちについて私が調査したことを分かりやすく記述したものである。

私はママはたが赤ちゃん先生クラスを本格的に開始する前から、クラスのテスト開催に関わってきた。私の勤務する大学でも授業にずっと赤ちゃんクラスを取り入れてきた。

私が赤ちゃん先生クラスに強く惹かれたのは、赤ちゃんたちの持つ魔法の力に圧倒されたからだ。赤ちゃんは小学生から高齢者まですべての人を引きつけ、思わず笑顔をもたらし、皆を和ませる先天的なパワーを持っている。

では、周囲を自然に笑顔に変える赤ちゃんのマジックパワーは、いったいどのような効果を人に与えているのだろうか、それを知りたいと思った。それが本書を執筆した一番の動機である。

特に私は小学校でのクラスに引きつけられた。小学生たちは好奇心いっぱいに赤ちゃんに接し、心から赤ちゃんとの交流を楽しんでいるようだった。赤ちゃんとふれあうことで小学生たちはいったいどんなことを学んでいるだろうか、赤ちゃんクラスにはどのような教育効果があるのか調べてみたいと強く感じた。それから数年、私の小学校通いが始まった。

また、ママはたというNPOにもとても興味を持った。ママはたに参加する母親たちの数は急速に増加し、登録ママ講師数は全国で2、200人を超えている(2017年3月現在)。私はママはたが主催するさまざまな集まりやイベントにも機会あるごとに参加した。そこでも、子育て中の母親たちの生き生きとした活動ぶりに強い印象を受けた。赤ちゃん先生に参加する母親たちはどんな人たちだろうか、母親たちの元気いっぱいのエネルギーはどこから来るのだろうか、これについても調べたいと思い、母親たちの活動調査を始めた。本書では、これまでの私の調査結果を詳しく述べていきたい。

本書の構成

本書の1章から3章では、赤ちゃん先生の背景となる日本の社会と教育の現状や問題について述べる。また赤ちゃんの、人を笑顔にして和ませる不思議な力の由来を、動物行動学や生理学の研究からも紹介する。

4章から7章では、実際に「ママはた」が全国で実施している「赤ちゃん先生クラス」というユニークな取り組みを詳しく紹介しながら、赤ちゃんの持つ秘められた力が小学校の現場でどのような教育効果を発揮しているか、つまり赤ちゃんは「先生」となって、小学生にどんな力やスキルを身につけさせているのか述べていきたい。

8章から12章では、NPO「ママはた」を紹介する。赤ちゃん先生クラスを「仕事」として成り立たせている仕組みや、この事業を支える母親たちの活動ぶりについて述べたい。私がママはたに参加する母親たちと接して常に感じるのは、参加する母親たちのエネルギーいっぱいの元気な振る舞いと明るい笑顔である。母親たちは積極的に小学生やお年寄りに話しかけ、笑顔を振りまいている。赤ちゃんが先生だとしたら、母親たちは先生のサポーターである。ここではサポーター役の母親たちの意識や彼女らの社会的背景についても詳しく見ていきたい。

私の赤ちゃんは、先生です。

目次

第1章

赤ちゃんとの「ふれあい授業」増加の背景

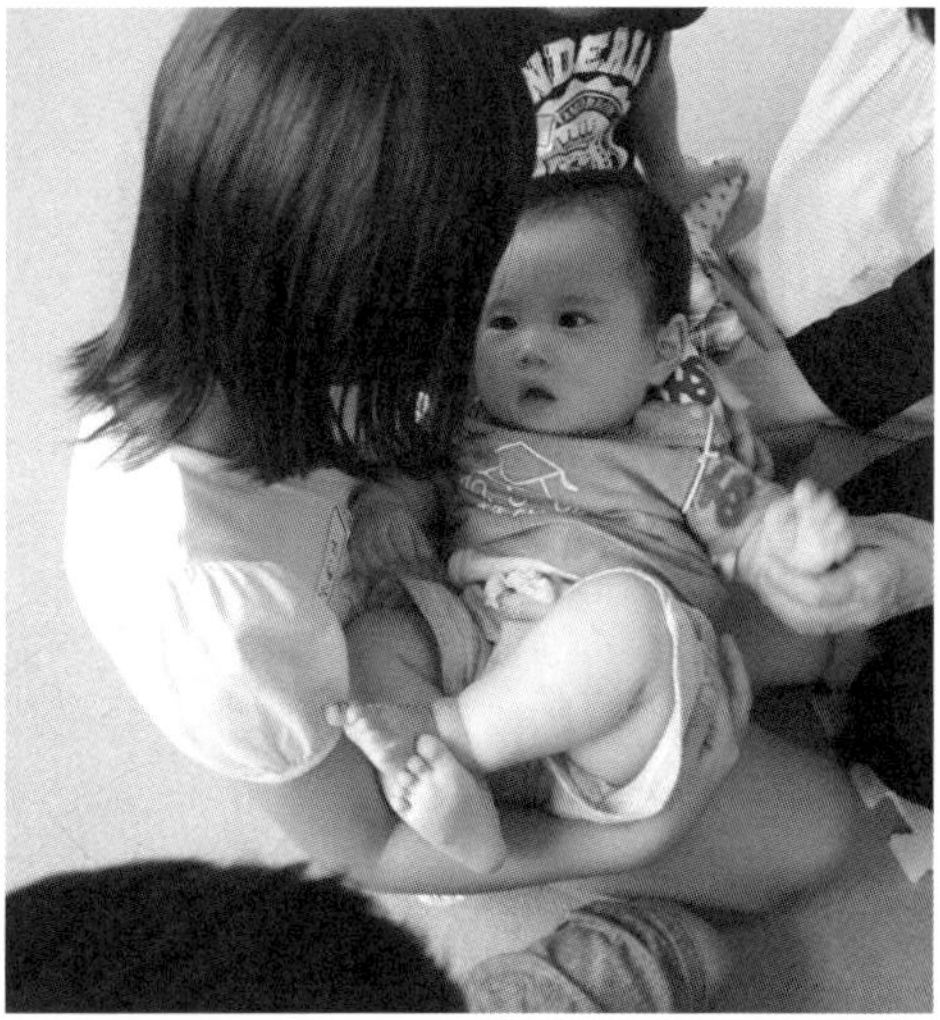

学校問題の増加と赤ちゃんふれあい授業

現在、全国で赤ちゃんとの「ふれあい授業」が増えている。「ふれあい」という名称でなくても、「命の教室」「赤ちゃん交流授業」などいろいろな名前をつけた類似の活動が急速に増えている。本章では、「ママはた」が行っている赤ちゃん先生クラスについて述べる前に、ふれあい授業の全国的な増加の背景について触れておきたい。

ふれあい授業のやり方はさまざまである。乳幼児とそのお母さんが学校を訪問し、児童生徒と交流するのが一般的だが、それ以外にも児童の方が保育園を訪問したり、乳児検診を見学したりといったやり方もある。

赤ちゃんと直接触れ合わなくても、助産師による講演や出産のビデオを使った授業を行うところもある。ふれあい授業は実に多様な方法と内容で行われている。

学校の外でもふれあい授業は広まっている。厚生労働省は地域でのふれあい授業を積極的に支援し、「地域子育て支援拠点事業」を推進している。この事業は子育て中の母親とその赤ちゃんが、公共施設、保育所、児童館等の地域の身近な場所で地域の子どもたちと交流する活動である。この事業は、2014年には全国の6、538か所で実施された。

なぜこれだけふれあい授業が増加しているのだろうか。

まず、第一の大きな理由は、ふれあい授業が「命の授業」とも呼ばれるように、「命の大切さ」「命のかけがえのなさ」を学び、それと同時に「思いやり」「他人への共感」「自分を大切にする自尊感情」など、人が生きる上で基本となる道徳心や共感力を子どもたちに習得させる必要性が急務となっているからである。

「校内暴力」「いじめ」など学校問題の深刻化がたびたび指摘されている。学校問題の深刻化の背景として、子どもたちが命の大切さを習得し、友達や仲間への思いやりや優しさを身につけていく機会が失われていることが上げられる。教育の視点からすると、それだけ命の大切さや他人とのふれあいを積極的に教えていかなければならない時代になっていると言えるだろう。

こうした背景から「命」とのふれあいを通して、基本的な道徳心や共感力を年少期より育成していこうとするさまざまな試みがされるようになった。

特に、赤ちゃんとのふれあい授業は優れた試みと言えるだろう。第四章で詳しく述べるように、赤ちゃんとのふれあいは子どもたちが直接「命」を実感し、命の大切さを肌で学ぶために極めて効果的だからだ。

社会経験機会の消失がもたらすもの

私が本書を執筆しはじめた2015年にショッキングな事件が報道された。多摩川河川敷で13歳の中学1年生が殺害された事件である。被害者はカッターナイフで全身に43カ所もの切り傷を負わされ、さらに真冬の川で泳がされた。遺体は冷たい水の中に遺棄されたという。胸が痛くなるような残虐な事件である。

殺人容疑で逮捕された少年3名の裁判の判決で、裁判長は加害者の自己中心的で短絡的な行為の背景には加害者の共感性の欠如や問題解決力の弱さがあると述べた。さらに裁判長は、被告が父母の虐待を受けて育った生活環境が暴力を容認する未熟な価値観を育てたと指摘した。暴力やいじめを防止するためには、命への共感や人への優しさを幼いころから育成していくことが急務である。

ここで校内暴力といじめ問題の現状をふり返ってみよう。

校内暴力は1970年代の後半から主に中学校で多発しはじめた。子どもの暴力は学校外にも飛び火した。1983年には横浜で少年による浮浪者襲撃事件が生じ、マスコミ報道を通して社会に衝撃を与えた。それ以降、文科省（当時は文部省）は子どもたちの暴力や非行を未然に防ぐために、「社会規範を守る意識」や「望ましい人間関係」を学校で育成するようたびたび通達してきている。

校内暴力は1980年代がピーク期だったが、その後、全体としては減少してきている。しかし、気になる現象が近年指摘されている。それは、校内暴力が低年齢化し、高校や中学よりも小学校で増加していることである。中学生、高校生はおとなしくなったが、今度は小学生が「暴れ出した」のである。文部科学省の調査によれば、小学校内での暴力行為は2015年には1万7千件を超え、過去最多を記録した。学校内の器物を壊したり相手にケガをさせたりする小学生を指して「モンスターチルドレン」と呼ぶまでに問題は深刻である。

一方、いじめが大きな社会問題となったのは1980年代である。文科省は1985年からいじめの統計を取るようになった。いじめはその後も年々増加し続け、現在も深刻な学校問題となっている。

2013年に全国で認知されたいじめの件数は22万4千540件である（文部科学省調査）。ここでも校内暴力と同じように、小学校での認知件数が最も多い（小学校

15万1千190件、中学校5万9千422件、高等学校1万2千654件)。

いじめの背景としても、やはり児童生徒の「心の荒廃」が指摘されている。正義感や思いやりの心の育成、幅広い生活体験による社会性や豊かな情操の育成など「心の教育」が大きな教育課題である。

「校内暴力」「いじめ」など学校問題を一挙に解決することは難しい。こうした問題の解決手段としてたびたび指摘される「社会規範を守る意識の形成」「望ましい人間関係の育成」「心の教育」「たくましく生きる力や集団生活に適応する力の形成」などは、小中学生の頭に知識として覚えさせればそれで終わる教育ではないからだ。年少期よりさまざまな機会を通して彼らの心に正義や思いやりの気持ちを浸透させ、体験の中からそうした意識を内面化させていかなければならない。

「赤ちゃんふれあい授業」は、赤ちゃんの持つ幼く尊い生命にふれる体験である。この「生命の体験」を通して、小中学生には、他者への共感や思いやりの心の芽が育つ。赤ちゃんは他者への共感や思いやりの心を育成する先天的な力を備えている。赤ちゃんとのふれあい授業は、赤ちゃんに備わった共感や思いやり形成の力を活用し、今述べたような学校問題を解決したいという期待を背景にして全国に広がっていると言えるだろう。

第1章　参考文献

武田 信子「厚生労働省『年長児童の赤ちゃん 出会い・ふれあい・交流事業』の意義と課題」武蔵大学人文学会雑誌 35(3) 2004年

寺田 清美「赤ちゃんと小中高生とのふれあい交流事業（授業）の重要性」東京成徳短期大学紀要 第38号 2005年

第 2 章

少子化がもたらした命との関わりの消失

『赤ちゃん人形』とは

赤ちゃんとのふれあい授業が必要とされるもう一つの理由には、そもそも赤ちゃんそのものが少子化によって地域からいなくなったという社会状況がある。赤ちゃんとのふれあいの困難さを示す分かりやすい例として『赤ちゃん人形』を取り上げよう。

赤ちゃん人形は、赤ちゃんの形をした人形で、主に家庭科や保育看護の授業で「教材」として使われる人形だ。

インターネットの赤ちゃん人形販売サイトは、赤ちゃん人形を活用することで、子どもたちは赤ちゃんの特徴や赤ちゃんとの接し方を学び、保育に対する理解を深め、将来の子育てについて考えることができると宣伝している。ある赤ちゃん人形は身長50センチ、体重3キロ、インターネット特別価格で1万2千円である。

私は赤ちゃん人形が広く全国の学校で購入されているという現状をインターネットで初めて知り驚いた。赤ちゃん人形がビジネスになるという現実は、現代の子どもたちの成長環境から「本物」の赤ちゃんが消失し、赤ちゃんに直接接する機会が失われていることの裏返しである。

確かに近年の少子化傾向は、赤ちゃんを日常生活から消失させている。女性が一生涯に産む子どもの数（合計特殊出生率）はどんどん減っている。厚生労働省の統計によると、2014年の合計特殊出生率は1・42である。女性が第1子を産む平均年齢も30歳を超え、晩婚・晩産が一段と進んでいる。現在、日本で1年間に生まれる子どもの数は約100万人で、昭和50年頃の約200万人の半分までに減少している。

子育て環境の変化

私の手元に昭和時代の子どもたちの暮らしを載せた写真集がある。これをめくると、1950年代、60年代の頃の日本の農村で、少女たちが赤ちゃんを背中に背負いながら友達と遊ぶ写真や、子どもたちが近所の家に上がり込み、おっぱいを飲む赤ちゃんをのぞきこんでいる写真が掲載されている。昭和の時代には、赤ちゃんはどこにでもいる身近な存在だったのだ。

さらに時代をさかのぼると、明治時代に来日した外国人たちは日本人が赤ちゃんを大切にし心からかわいがる様子を、驚きを持って記録している。たとえば有名な女性旅行家イザベラ・バードは、明治初期に東北地方へ旅した記録を残している。

その中でバードは、東北の村々で村人が赤ちゃんを抱いたり、背負ったり、歩くときには手を取り、子育てに一緒に参加している様子を旅行記に描いている。

明治の時代でも、赤ちゃんは家族だけでなくさまざまな周囲の人にかわいがられ、赤ちゃんと共に人々の生活があったことが分かる。

ここで大事なことは、赤ちゃんの泣き声がいつも聞こえ、赤ちゃんがかわいがられる社会は、そこで育つ年少者に命の大切さを自然に教える「学校」になっていたということである。赤ちゃんはどこにでもいて村の子どもたちに命の大切さを教える大事な先生だったのである。

しかし、現代社会では赤ちゃんと接する機会のないまま子どもたちは大人になってしまう。その背景には子どもの生活環境の変化、都市化、放課後の塾通いなどさまざまな要因がある。私が勤務する大学の学生たちに赤ちゃんに接した経験を聞いてみると、子どものころに年に数回程度、親戚の赤ちゃんに接したという学生が一番多い。まったく触れたことがないという学生も少なくない。

国立青少年教育振興機構の調査（２０１４年）によると、今の小中学生では「赤ちゃんのおむつを替えたり、ミルクをあげたりしたこと」の経験が「何度もある」という回答はわずかに13・1％しかなく、「ほとんどない」という回答が68・9％を占めている。やはり赤ちゃん人形を活用しなければ、赤ちゃんと接することは難しいほど赤ちゃんは遠い存在になっている。

同様にベネッセ教育総合研究所の興味深い調査がある（2015年調査）。この調査では、1歳半から6歳の子どもがいる保護者に生活時間や遊びなどを質問している。20年前の1995年調査の結果と比較すると、子どもの生活には大きな変化が生じている。たとえば現在の子ども達が平日に遊ぶ相手の最多は「母親」である（86％）。95年の55％から大幅に増えている。逆に平日に幼稚園や保育園以外で「友達」と遊ぶ割合は27％で、95年の56％から半減している。幼児を狙った犯罪や交通事故への不安のため、幼児を持つ親は外遊びをさせたくないのかもしれない。幼児期からの習い事や塾通いも忙しく、外遊び時間やさまざまな人と交流する機会が減少し、逆に家庭内での母子の密着時間が増えていることをうかがわせる調査結果である。

幼児期からの社会経験や多様な人との交わりの減少は、他者に共感し他者の立場に立って物事を考えたり、他者を思いやることができない青少年を増加させる危険性がある。

動物飼育の消失

人と人のつながりだけでなく、人と自然とのつながりも消失していることを伝える新聞記事があった（朝日新聞デジタル２０１５年10月29日）。

かつてはどこの学校でも飼育されていた動物たちが消失の危機にあるという。本来、学校での動物飼育は、命の大切さを実感する重要な機会であったが、子どもが学校で行う動物飼育も消失しつつある。

昔から多くの小学校校庭には鳥、うさぎ、にわとり、チャボなどの飼育小屋があった。子ども達は「生きものがかり」を決め、飼育ケージを定期的に掃除した。動物を長期的に世話する中から、命の誕生と死を体験した。

しかし現在、動物の飼育経験がない新人教員が増えたり、感染症やアレルギーへの不安から、飼育を取りやめる学校が増えているという。ニワトリの早朝の「雄たけび」は、近隣からクレームをつけられかねない。大阪府教委の２０１５年度の調査によると、動物を飼育しているのは48％（２９９校）で、5年前の68％（４２９校）から急減している。

そのため、動物飼育がなくなった全国各地の学校では、動物に接する機会を増やすために「動物ふれあい教室」に人気が集まっている。ウサギや犬を抱っこしたり、聴診器で心臓の音を聞き、動物の温かみを感じ、生きものの命を実感させることが動物ふれあい教室の目的である。

動物飼育の消失と「動物ふれあい教室」の増加も、やはり子どもたちが命の尊さを身近に習得することが難しい時代になっていることを示している。

これからの教育に必要な「赤ちゃんふれあい授業」

これからの教育に必要なのは、子どもが日頃接することが少ないさまざまな他者との交流や自然や動物との関わりを意図的に提供することである。子どもの頃の自然体験、友達との遊び、地域活動への参加などの社会体験は、子どもの成長に不可欠のものである。

国立青少年教育振興機構の調査によれば、自然体験、友達との遊び、地域活動のどれをとっても、そうした体験が多ければ多いほど大人になってからの「意欲・関心」「規範意識」「職業意識」が高くなるという。

今後の教育では、子どもの生活や成長の場面に、意図的に社会体験・自然体験の機会を作り、その体験の中から命の大切さを学ばせていくことが必要ではないだろうか。

その中でも赤ちゃんが主役となる赤ちゃんふれあい授業は、最も効果的で総合的な社会体験授業と考えられる。

まず、赤ちゃんふれあい授業では、小中学生に意図的に赤ちゃんやその母親と交流する場をつくり、赤ちゃんのぬくもりや命の鼓動を実感でとらえることができる。

また、母親や指導者から生命誕生の仕組みや赤ちゃんの成長について学び、子ども達が生命誕生の神秘にふれ、生まれてきたことの「奇跡」や、受精から誕生、成長の過程で多くの人の支えられてきたことを学ぶ「命への感謝の学習」ができる。

さらに、お母さんから出産や子育ての体験を聞くことで、夫（パートナー）や家族の在り方や子育て中の母親を支援することの大切さを学ぶ「家族の役割の学習」も可能となるからだ。

第2章　参考文献

朝日新聞デジタル（2015年10月29日。http://birdnewsjapan.seesaa.net/article/428692336.html）
国立教育政策研究所生徒指導研究センター研究報告書『「社会性の基礎」を育む「交流活動」・「体験活

動」――「人とかかわる喜び」をもつ児童生徒に――』 ２００４年
ベネッセ教育総合研究所『幼児の生活アンケート　第５回　乳幼児をもつ保護者を対象に』２０１５年
『写真ものがたり　昭和のくらし６　子どもたち』農文教　２００６年

第3章

赤ちゃんの持つ不思議な力：ベビースキーマ

赤ちゃんはなぜかわいいか

これまで赤ちゃんのとの「ふれあい授業」の重要性を述べてきた。赤ちゃんの持つ「人を笑顔にする力」や「人を和ませる力」などのマジックパワーを活用することで赤ちゃんとのふれあい授業は効果的に運営される。この章では、この赤ちゃんたちの持つマジックパワーの秘密を、動物行動学や心理学の研究から紹介しておきたい。

電車の中で赤ちゃんを抱いた母親がシートに座ると、隣の人が赤ちゃんにほほえんだり、「かわいいですね」と声をかける。町中でも知らない人がベビーカーに乗った赤ちゃんに手を振る光景を目にする。赤ちゃんに対してわれわれは、自然にかわいいと感じる。赤ちゃんには人を微笑ませ、優しい気持ちにさせる不思議な力がある。

なぜわれわれは赤ちゃんをかわいいと感じるのだろうか。

最近の動物行動学や心理学では、赤ちゃんには周囲の人をかわいいと思わせる「仕組み」があらかじめ備わっているからだと説明している。赤ちゃんは自分の生存のために、周囲の人々にかわいいと感じさせ、そうすることで自分を保護させる先天的な力を備えているという。

コンラート・ローレンツはノーベル賞を受賞した著名な動物行動学者である。ローレンツは赤ちゃんの「見た目」に注目した。彼は、ヒトだけでなくイヌやトリなど多くの生物の赤ちゃんの「形」を研究した結果、赤ちゃんには共通する特有の「見た目」があり、その「見た目」がかわいらしさの秘密であることを発見した。

「見た目」の秘密とは、「体に比べて頭が大きい、顔より額のほうが大きくて額が出っ張っている、目が大きくて丸い、手足が短くてふとい、体がふっくらしている、皮膚がやわらかい」などの体つきや顔かたちの特徴である。

ベビースキーマの研究

心理学ではこのような赤ちゃんのかわいい「見た目」を「ベビースキーマ」と呼んでいる。ベビースキーマが人々を引きつけることにヒントを得た商品はたくさんある。ふっくらして大きな目のアニメのキャラクターやご当地ゆるキャラが熱狂的なファンを集めている。近年急速に普及している人形型ロボットも、同じように丸っこい体つきで、大きく丸い目がデザインされて売り上げを伸ばしている。

ところで、ベビースキーマなどの研究がなかった時代でも、ウォルト・ディズニーはその重要性をつかんでいた。彼は、動物に似せた丸っこい大きな目のミッキーやドナルドなどのキャラクターをたくさん創作し、世界中の子どもたちに夢を与えた。

では、なぜ赤ちゃんは「ベビースキーマ」を備えて生まれてくるのだろうか。

動物行動学は、誕生後すぐには一人で生きられないほど未熟な赤ちゃんは、周囲の大人による「手助け行動」を引き起こすために、生物的にかわいらしさを持って生まれてくると説明している。

ママはたが実施している「赤ちゃん先生クラス」を見学すると、赤ちゃんの持つ「ベビースキーマ」が自然に人を引きつけていることがよく分かる。

はじめて赤ちゃんに接する小学生たちは、赤ちゃんが母親たちに抱かれて教室に入ってくると、一斉に赤ちゃんに視線を集中させる。「わー、赤ちゃんだ」と歓声が上がる。そして、自分の近くに赤ちゃんがやってくると、小学生たちは頭をなでたり、ほほに触わったりして思わず微笑みがこぼれる。ほほえましい風景である。小学生たちから思わず「かわいい」ということばが口々に出てくる。赤ちゃんが小学生たちを自然に引きつける原動力となるのはこの「ベビースキーマ」の力である。

愛情ホルモンの力

さらにもう一つ、興味深い別の研究が神経生理学でも行われている。赤ちゃんと親とのアイコンタクト、スキンシップ、親子遊びは、オキシトシンというホルモンを分泌させるという。オキシトシンは「絆ホルモン」「愛情ホルモン」とも呼ばれて、お互いの親近感を高め、「他者と関わりたい」という欲求を向上させるホルモンと言われている。

ある研究によると、妊娠初期の母親で血中のオキシトシンの濃度が高い程、赤ちゃんが生まれたときに赤ちゃんとの良好な関係が作られることが分かった。更に、出産後も血中オキシトシンが高い母親は、赤ちゃんに対して食事・歌・お風呂の世話等を積極的に行うという。オキシトシンが母親の胎内で生理学的に作用して、母親の積極的な赤ちゃんへの関わりを作っているのである。

母親だけでなく、子どもでも成人でも、人と人とが触れ合うことでオキシトシンが盛んに分泌され、その結果、他人に対する信頼や安心感が生まれ、お互いのきずなが深まるという興味深い研究も発表されている。子どもに対してたくさんスキンシップをすることで、穏やかで、優しい性格が作られ、キレにくい子どもになるという。このスキンシップの効果も、背景には子どもの体内でオキシトシンの分泌があると言われる。

赤ちゃん先生クラスでは、小学生たちと赤ちゃんとのふれあいが組み込まれている。小学生たちは、赤ちゃんを抱っこしたり、つついたり触ったりすることで、血中オキシトシンの濃度が高まり、いっそう赤ちゃんとふれあいたいと感じる。その結果、小学生たちが生きていく上で最も重要な「愛情」や「絆」の源を体内に作り出しているのだろう。

第3章　参考文献

アンドリュー・ニューバーグ、マーク・ロバート・ウォルドマン　『心をつなげる相手と本当の関係を築くために大切な「共感コミュニケーション」12の方法』　東洋出版　２０１４年
日本心理学会　「心理学ふしぎふしぎ　Q22．赤ちゃんがかわいいのはなぜ？」　http://www.psych.or.jp/interest/ff-22.html
コンラート・ローレンツ　『動物行動学〈2〉』　新思索社　２００５年
シャスティン・ウヴネース　モベリ　『普及版　オキシトシン：私たちのからだがつくる安らぎの物質』　晶文社　２０１４年

第4章

命の成長と尊さを教える赤ちゃん先生

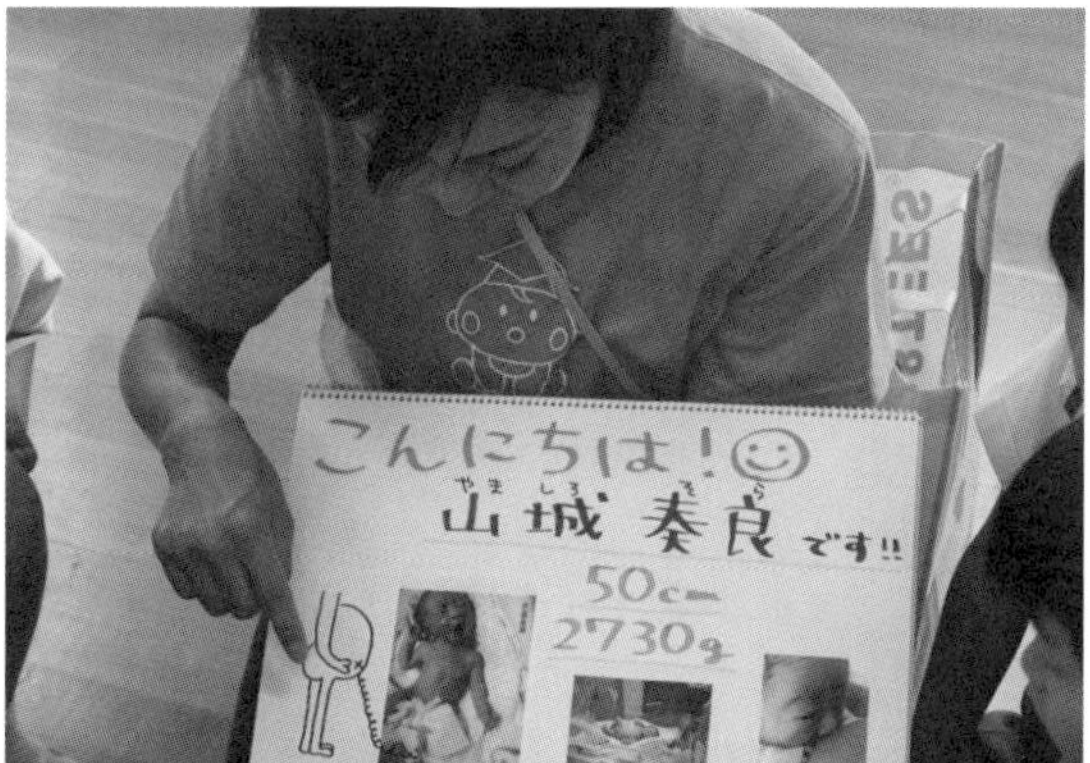

赤ちゃん先生の概要

赤ちゃん先生の最初のクラスで、ママリーダーが小学生たちに赤ちゃん先生の紹介をするシーンはいつ見ても新鮮だ。

「このクラスでは毎回いろんなテーマで、命について考えていきます。そして、この勉強の先生は、誰だと思いますか？　分かりますか？　赤ちゃんですよ。」というママリーダーの説明に小学生は「エー」と一斉に歓声を上げる。

私は今まで30回以上、小学校での赤ちゃん先生クラスを見学してきた。実際、赤ちゃんは優秀な先生であるとつくづく感じた。赤ちゃんはクラス参加の小学生の誰にも好かれ、泣いたり笑ったりと感情豊かに自分を表現し、ママと小学生のコミュニケーションを繋いでいる。赤ちゃんは、控えめな小学生も、授業に無関心な小学生も、自然にクラスに引き込んでいく才能のある先生なのだ。

以下では、私のクラス観察から小学生が赤ちゃんクラスから何を学んでいるか、述べていきたい。その前に赤ちゃん先生クラスの活動概要を説明しておこう。

小学校での赤ちゃん先生クラスは２０１１年に何度かのテスト開催を経て、２０１２年に神戸で本格実施が始まり、現在は全国に拡大している。

小学校のクラスは年5回開催を基本とし、各クラスの内容も標準化されている。クラス開催の全体活動テーマは「みんなだいじないのち」とされている。小学生が5回のクラスから、命について考え、命の尊さを体験的に学ぶことが目標となっている。

そこで、赤ちゃん先生各5回のクラスは、「命」をめぐって開催回ごとに違った角度から小テーマと活動内容が構成されている。5回の活動テーマと内容には次のような例がある。

「自分はどれだけ大きくなったかな」

自分と赤ちゃんの手、足の大きさをくらべて、自分が成長してきたことを実感する。大きくなるまでに家族や周りの人の愛情があったからだと感じ、育ててくれた人への感謝の気持ちを持つ。

「赤ちゃんとお話ししよう」

赤ちゃんにはどんな言葉が良いか、みんなで考える

言葉を話せない赤ちゃんが何を考え、求めているかを考えてみる
言葉には力がある。相手の発する言葉の持つ力が自分の力にもなることを知る。
心が温かくなる言葉を使っていきたいと感じる。

「生かされている命にありがとう」

自分たちが動植物の命、自然の恵みをいただいて、命をつないでいることを知る。

自分の力だけで生きているのではなく、周りの人の助け、支え、愛情を受けて生かされていることを知る。

「泣いてもいいんだよ」

泣くことは自己表現の一つの手段であることを知り、泣いてもいいことを理解する
赤ちゃんが泣くことで何を伝えたいのかを考える。
泣いている人に自分がどう関わるか考える、相手の気持ちになり思いやりの心を育てる。

「命の力」

ママ講師から赤ちゃん先生の妊娠中・出産の話を聞き、命の奇跡を知る
自分自身が「生まれたい！」という強い力があったからこそ生まれてくることができたことを知り、自己肯定感を高める。

「みんなの未来」

これまでを振り返り、みんな大事な命だと感じる。

赤ちゃん先生と自分の未来を考える。


さて、赤ちゃん先生たちはクラスを通して、小学生たちに何を教えているのだろうか。

私はこれまでの観察の中から、次の二つが最も重要な赤ちゃんの「教え」だと考えている。

それは「命の成長と尊さを教える」ことと「共感コミュニケーションを育てる」ことの二つである。この章では「命の成長と尊さを教える」について詳しく見ていきたい。「共感コミュニケーション」については、次章以降で述べる。

命の授業とは

第1、2章でも述べたように、現在、全国の学校で生命を尊び、命あるものへの感受性を高めるため、「命の授業」が盛んになってきている。「命の授業」について調べてみると、そのやり方はきわめて多様だ。学校に看護師や助産師を講師に招き、仕事の話を聞いたり、性教育講演会を実施したりする学校もある。薬剤師による薬物乱用講演を行うところもある。また、交通事故防止や防災教育、性教育やデートDV防止の授業なども行われている。さらには第2次世界大戦中の特攻隊や沖縄戦の映画鑑賞を命の授業として行う学校もある。命の大切さと関係することなら、おそらくすべてのことが教材となるだろう。

全国の学校で「いのちの授業」を推進している近藤卓氏によれば、いのちの教育とは、子どもたちに自分自身が存在することの奇跡、生まれてきて今ここに生きていることの素晴らしさ、そんな奇跡的存在としての自分の命の大切さを実感することであるという（近藤2009年110頁）。

また、いのちの教育を行う上で一番大事な方法は、子どもたちが仲間と共に同じ体験を共有し（体験の共有）、互いの心の動きを共有する（感情の共有）ことだという。つまり

「体験の共有」と「感情の共有」の二つの「共有体験」が重なることが重要だという（近藤2007年9頁）。

NPOママはたが小学校で行う赤ちゃん先生クラスでも、「みんな大事な命」をメインテーマにし、体験と感情を共有するいのちの授業が行われている。

では、実際に赤ちゃん先生クラスで命はどのように教えられて、小学生たちは体験と感情をどう共有しているのだろうか。この章では私が見学した神戸のある小学校2年生での赤ちゃん先生クラスからそれを詳しく見ていきたい。

命の成長を教える赤ちゃん先生

今日は赤ちゃんクラスの最初の日。テーマは「自分はどれだけ大きくなったかな」だ。小学生たちははじめて赤ちゃんに接する時間を前にして多少緊張した表情を浮かべている。

赤ちゃんを抱っこした母親たちが入場してきた。赤ちゃんとママのペアはそれぞれ小学生たちのグループに入っていった。赤ちゃんとママが座った後、ママリーダー（トレーナーと呼ばれる）が小学生たちに指示をする。

「赤ちゃんと皆さんとどれだけ大きさが違うでしょうか、手や足の大きさを比べてみてください」

小学生たちは一斉に赤ちゃんを取り囲み、足の大きさを比べだした。小学生たちはわれ先に、手や足を重ねて「ちっこい！」「ふにゃふにゃしている！」などと感想を述べ合っている。「歯はないの？」と口をのぞき込む子もいる。顔を撫でたり、帽子をかぶらせてみたり好奇心いっぱいで赤ちゃんに触れている。「爪がこんなにちっちゃい！」という感想も聞こえる。小学生は赤ちゃんの皮膚に触れ、やわらかさや温かさ、さらに赤ちゃんの匂いまでを実感する。通常の授業では得がたい大切な命との接触体験である。

母親たちは持参したいろいろな持ち物をバッグから出して、赤ちゃんの成長を小学生に伝える。生まれたときの写真や靴下を見せて、「こんなに小さかったのよ」と教えている。

さらに、小学生たちは赤ちゃんの食事が自分たちと違うことも母親たちとの会話から学ぶ。母親たちの「1日8回、オッパイを飲むんだよ」ということばに驚きながら、「えー、ご飯食べれないの？　ボーロは？　スープは食べられる？　私は何でも食べれるよ！」「さつきくんは歯がないの？　ご飯は？　ジュースは？　好きな色は？」とつぎつぎに質問が飛び出す。

こうして、小学生たちは年間を通して5回の赤ちゃん先生クラスに参加し、どんどん成長していく赤ちゃんに直接に触れる。お座りのできなかった赤ちゃんが、次のクラスではお座りをし、最後のクラスではハイハイもできるようになる。歯のなかった赤ちゃんにもかわいい歯が生えてくる。泣き声も大きく力強くなる。小学生たちは年間のクラスの中で、赤ちゃんの成長を間近に見ながら、命の成長を好奇心と驚きの感情と共に体験し共有することができる。

命の尊さを教える赤ちゃん先生

赤ちゃん先生クラス第4回目では「命の力」と題する活動が行われる。このクラスの展開は、赤ちゃんが命の尊さを教える典型的な活動である。実際の場面を見てみよう。

まず小学2年生たちは静かに座ってママリーダーの話を聞いた。

ママリーダーは小さな穴の空いた画用紙をかざして、卵子がいかに小さいかを小学生に説明する。

「画用紙に穴が空いているのが見えますか」

画用紙には針で小さな穴が空けてあるが、肉眼では見えないほどの大きさだ。小学生たちはママリーダーの説明に真剣に聞き入っていた。

「すごく小さい穴ですね。0・1ミリです。卵子も0・1ミリしかないんです。みんなこんなに小さかったんですよ。こんなに小さくても命が宿っているんですね。すごいですね」

その後、グループに分かれて母親たちによる妊娠と出産の話を小学生たちが聞く活動に移った。母親たちは、自分の妊娠中に写した胎児のエコー写真を見せながら自分の経験を小学生に語る。小学生たちが「ワー」と声を出しながら身を乗り出して見ている。

母親たちの説明は、講師研修を経ているので教育技術的にも優れている。写真を見せるときは、小学生皆に見えるように、写真をグループの正面にかざしてからぐるっと左右に移動させて見せる。母親たちは落ち着いた声で小学生に分かりやすいようにゆっくりと話して聞かせている。

母親たちは、胎児がだんだん大きくなることが分かるように写真を順番に床に並べ、小学生はそれを真剣に見入っている。

「みんなこんなに小さかったんだよ」

「そうなんだ」

「6ヶ月たつとこんなに大きくなるのよ。目や口があるのが分かる？　おへそはお母さんと繋がってるのよ」

赤ちゃんが生まれたときの足のスタンプを見て、「こんなに小さいんだ」と小学生たちは言い合っている。

母親たちは出産の体験談を小学生たちに聞かせる。

「私は3人出産したけどぜんぜん痛くなかったの。3人ともスーと出てきたのよ」

「痛くて痛くてやっと終わったと思った。本当にたいへんだった」

「生まれるときはほんとに痛かったのよ。でも生まれたときは感激して涙が止まらなかった」

それぞれママさんたちの実体験が感情を込めて語られた。出産という事実が母親の生きた体験であることを小学生たちは知る。命の尊さが伝わっていく貴重な時間である。

それぞれのママさんの話に小学生たちは真剣に聞き入っている。その後、ふたたびリーダーの話が始まった
「皆さんにも命がありますね。もし命がなかったらどうなりますか？」という問いかけに、

「死んじゃう」、「幽霊になる」などいろいろな小学生の答えが挙がった。

「命があるからお勉強をしたり、遊んでることができますね。もし命がなかったらどうですか、命があるからいろんなことができるのですね。それから、たくさんのお世話をうちの人にしてもらってます。お母さんやおうちの人の愛情があるからこうして生活ができるのですね、忘れないでほしいです。」というリーダーの締めくくりのことばで今回のクラスが終わった。

先に述べたように、近藤卓氏は、いのちの授業が成功するためには、「体験の共有」だけでなく「感情の共有」が必要であると主張している。体験しただけでは単なる体験に留まる。体験したときの心の動きを一緒に参加している友だちや周囲のものと共有する「感情の共有、つまり共感」が必要であると言う。

ここで事例に挙げた赤ちゃん先生クラスでも感情の共有が随所に出ている。小学生たちは、赤ちゃんに触り、抱っこし、赤ちゃんにふれあう共通経験の中から命への感動を共有している。感情体験を通して命の成長と命のかけがえのなさを自然に習得している。赤ちゃん先生クラスは、命の大切さを体現する赤ちゃんが主役となる優れた命の授業の実践例である。

母親の大切さを教える赤ちゃん先生

命の成長と命のかけがえのなさと同時に、さらにもう一つ、このクラスを通して赤ちゃんが小学生たちに教える大事なことがある。それは、命を育て命を守る「母親の大切さ」である。赤ちゃんの生存や健康に母親がいかに大事かを間近で体験し、母親の存在の偉大さ、重要さを小学生たちは自然と学んでいる。

赤ちゃん先生クラスでは、人見知りをして母親にしがみついている赤ちゃんも少なくない。クラスはいつも赤ちゃんの泣き声であふれている。母親が少しでも離れると、赤ちゃんは大泣きしながらはいはいして母親に向かっていく。また小学生たちは、母親が自然に泣き声に反応し、あやしたり抱っこする様子にも接する。そんな母子関係を小学生たちは自然に観察する。

小学生たちは母親と赤ちゃんの密接なつながりを目の当たりに見て、誰よりも赤ちゃんが頼っているのが母親であることを実感する。

クラス終了後の感想文に小学生たちは次のように書いている。赤ちゃんにとって母親がかけがえのない偉大な存在であることを小学生たちが学んだことが分かる。

「ここちゃんはおかあさんがだっこするとなきやんでほかの人がだっこするとなきます。」

「お母さんのお話を聞いたら、ごはんとかおせわをするのがたいへんだと思いました。」

「お母さんのはなしをきいて、いつもいそがしいなぁと思いました。」

「お母さんはとてもたいへん。ミルクをあげたりおむつをはきかえたりするのがとてもたいへん。」

「わたしは赤ちゃんが生まれてもママのしごとはかんたんだと思っていたけど、本当はとてもたいへんだと分かってびっくりしました」

（神戸市内小学校2年生の作文より）

第4章　参考文献

近藤卓『「いのち」の大切さが分かる子に』 ＰＨＰ研究所 ２００５年

近藤卓『いのちの教育の理論と実践』 金子書房 ２００７年

近藤卓『死んだ金魚をトイレに流すな―「いのちの体験の共有」』 集英社新書 ２００９年

第 5 章

共感コミュニケーション教育が必要な時代

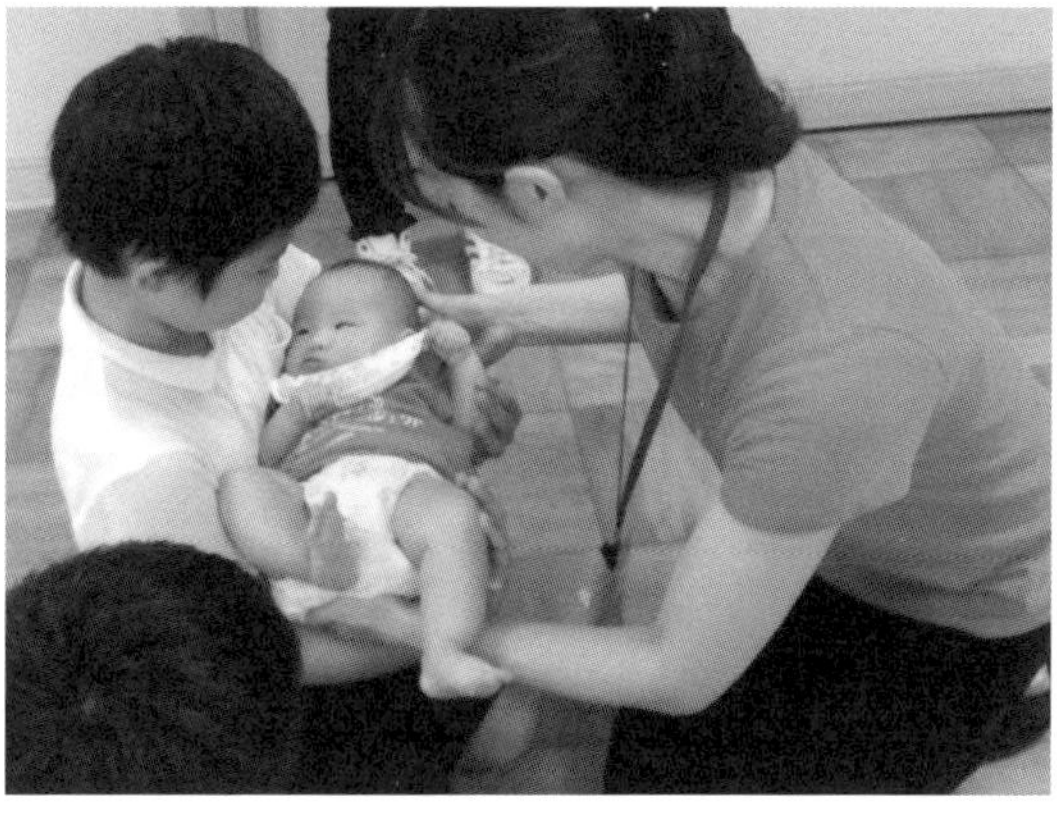

共感コミュニケーション力とは

私は赤ちゃん先生クラスを数多く観察した結果、小学生たちが赤ちゃん先生から学ぶもう一つの能力を共感コミュニケーション力と名付けた。

共感コミュニケーション力とは、人との感性・情緒のつながりを重視し、共感にもとづくコミュニケーションを行う力である。共感とは相手の喜び、苦しみ、悲しみなどの感情を自分のものとして同じように感じることだ。共感コミュニケーションとは、相手の思いや感情を感じ取り、相手に共感するだけにとどまらず、さらに共感に基づく能動的な行動やことばがけをして相互交流（コミュニケーション）を行うこ

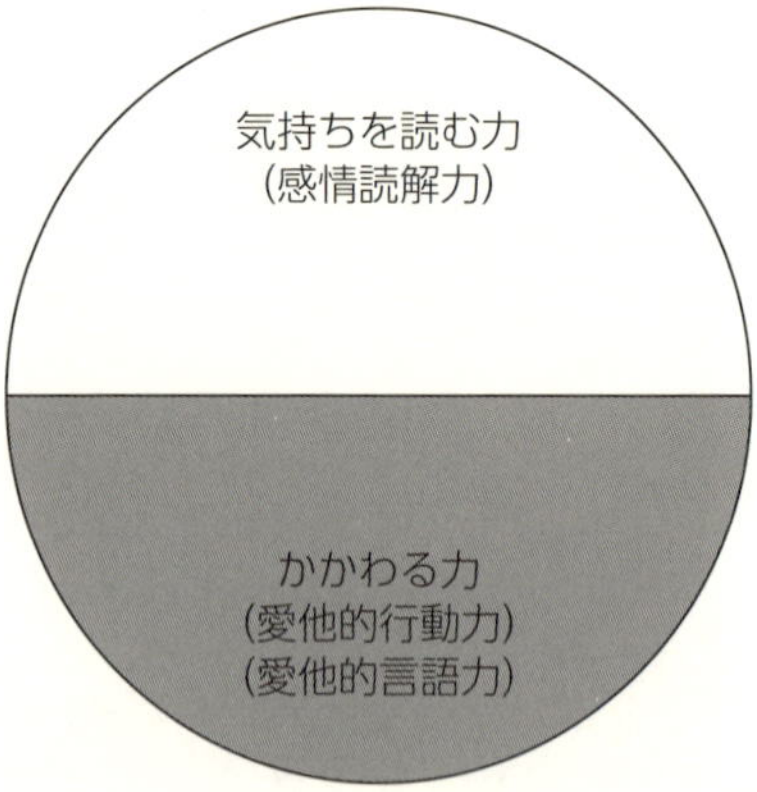

図　共感コミュニケーション力の構成

とである。

共感コミュニケーション力は図に示したように二つの側面からできている。

まず、図の上半分は「気持ちを読む力（感情読解力）」である。ある意味で共感コミュニケーションの「受動的部分」だ。相手の表情、声、身振り、ことばなどから相手が発する感情メッセージを読み取る力である。気持ちを読む力は心理学では「感情読解力」や「感情リテラシー」とも呼ばれる。感情読解力の向上は、他者への共感の基礎となり、他者への感情的な攻撃や暴力を防止することにつながる（藤野、本村　２０１５）。

次に、図の下半分は「かかわる力」で、共感コミュニケーションの「能動的部分」だ。かかわる力は共感に基づく能動的な言葉や行動によって相手のためになる関わりをする力である。相手の感情をただ感じるだけではなく、積極的にアクションを起こす力である。

かかわる力は心理学で言われる愛他行動、向社会的行動、思いやり行動などの育成に繋がる。愛他行動の研究では、愛他行動の中には「援助行動：他人を助ける行動」「なぐさめ行動：ことばでなぐさめたり励ましたりする行動」「分与行動：自分の持っている物を相手に与える」などいろいろなタイプがあると言われている（アイゼンバーグ・N　１９９５）。私は赤ちゃん先生クラスの観察から、身体活動によって能動的に援助する「愛他的行動力」と援助的ななぐさめや励ましのことばをかける「愛他的言語力」の2つの側面の重要性に気がついた。そこで、かかわる力を愛他的行動力と愛他的言語力の2側面から成り立つとした。

結局、共感コミュニケーション力は、相手の思いや感情を感じ取り、相手に共感する力と、さらに相手の立場に立った共感に基づく能動的なアクション（行動）を起こし、ことばをかけて相互交流を行う力である。

本章では、共感コミュニケーションの重要性についてのさまざまな分野の研究から紹介する。

動物も共感する

まず、共感についての研究を紹介したい。

近年の動物行動学、脳科学、神経心理学などの分野で共感研究が進んできた。動物行動学では、人だけでなく霊長類でも共感能力を持っていることを実証してきている。世界的に著名な動物行動学者のフランス・ドゥ・ヴァールは『利己的なサル、他人をおもいやるサル』、『共感の時代へ』などの学術書を通して、人間だけでなく多くの霊長類が「思いやり」や「共感」の感情を持つことを、膨大な事例から立証している。

ドゥ・ヴァールによれば、イルカ、ゾウ、イヌなど霊長類が仲間と協力して狩りをし、また敵からも力を合わせて身を守るという。チンパンジーは、ロープが首にしまって窒息しかけている仲間を助けたり、母親を失った子供の世話をしたりする。鎖で閉じられた檻に閉じ込められた仲間を、鎖をはずして救出しさえする。ドゥ・ヴァールは霊長類の心には、共感する能力が授けられており、家族や友だちや、協力関係にある相手の立場を気づかい他者を助ける行動が頻繁に見られると述べている。

ミラーニューロンがつくる共感脳

さらに近年の脳科学でも共感の研究が進んでいる。脳科学者たちは、「ミラーニューロン」の研究を通して、共感が本来的に人に備わっていることを明らかにしている。ミラーニューロンとは霊長類などの高等動物の大脳に存在する神経細胞（ニューロン）である。

ミラーニューロンの働きで、私たちは他人の心理状態を自分の脳内で再現する。走っている子どもが転んでケガをするのを見たとき、私たちは思わず「痛い！」と心の中で叫び、自然に顔を引きつらせる。つまり、他人の行動を見て、まるで鏡（ミラー）のような反応をするのだ。

ミラーニューロンは、他人の苦痛や悲しみを自分のことのように感じさせる脳神経細胞である。人はこの神経細胞を持っているからこそ、他人の気持ちを読み取り、他人の行動に共感を持って対応できるようになる。そのため、ミラーニューロンは「共感」の土台になる神経細胞であると言われている（尾之上、丸野　２０１２年）。

他者と関わるコミュニケーション体験の重要性

今述べたように、人は他の霊長類と同じく、共感する能力を備えて生まれてくる。また、その能力の土台にはミラーニューロンの驚くべき働きがある。しかし、重要なことは、このような共感する能力は生まれた後、母親や周囲との絶え間ないコミュニケーションを通して発達することである。

たとえば、微笑み返しは生後間もない赤ん坊のときに既に始まっていると言われる。母親が笑いかけると、赤ん坊は笑い返す。それに対して母親がまた答えて微笑みを返す。この繰り返しにより、ミラーニューロンは活性化していく。つまり、生後初期からの親や周囲の働きかけがあってはじめて共感の能力が育つ。

さらに人が成長していくと、家族や友達とのふれあい、遊び、会話、身体運動などの多くの経験を経ることで、人は他人の感情を理解する共感脳を発達させることができる。年少の頃からできるだけ多様な多くの人と交わり、言葉を交わし、友だちと身体を使った活動や遊びに取り組むことで、共感脳は発達する。長期にわたる絶えざるコミュニケーション経験が共感の発達には必要なのである。

共感コミュニケーション教育の重要性

しかし、現在の青少年たちは共感脳を発達させるコミュニケーション経験に課題を抱えている。この現代社会が持つコミュニケーションの問題についてやや詳しく見ておきたい。

現代社会は第7章で詳しく述べるように「無縁」の時代である。近所や地域と縁のない社会に育つ子どもたちは、他者と交わり、コミュニケーションを通してミラーニューロンを発達させ、共感力を鍛える機会が乏しい世代である。

一方、現代は社会のあらゆる領域で「コミュニケーション能力」の重要性が指摘されている時代である。グローバル社会を生きるための「異文化コミュニケーション」、親子の理解のための「親子コミュニケーション」、社会人として仕事をするための「異年齢間コミュニケーション」などさまざまなコミュニケーション能力の必要性が訴えられている。

大学の教育でもコミュニケーション能力の育成が強く主張されている。その理由の一つは、学生が就職し社会人となるとき、コミュニケーション能力が特に強く要求されているからだ。日本経済団体連合会（経団連）が行ったアンケートによれば、企業が新卒採用者の選考において特に重視した点では、「コミュニケーション能力」が81・6％で断トツに多い。他の「主体性」60・6％、「協調性」50・3％、「チャレンジ精神」48・4％などを圧倒している（2014年7月調査）。コミュニケーション能力の育成は今や社会全体の課題である。

なぜこれほどまでにコミュニケーション能力の育成が強く求められているのだろうか。その背景の一つには、今述べたように青少年のコミュニケーション能力の衰退傾向がある。文部科学省のコミュニケーション教育推進会議は、現代の青少年が気の合う限られた小グループの中でのみコミュニケーションをとる傾向が見られること、興味や関心、世代の違いを超えて交流することを苦手と感じ、異なる他者と交流する意欲や能力が低下していると指摘している。本書でもたびたび指摘してきたように、「少子化」「核家族化」「地域社会の消失」など現代社会の無縁化が、多様な人と交わる能力を習得する機会を青少年から奪っている。

さらに、現代社会でのパソコン、携帯電話、スマートフォン、インターネットなどの情報メディアの急速な普及も、青少年のコミュニケーションの仕方を大きく変えている。例えばここ数年、LINE、フェイスブック(Facebook)、ツイッター(Twitter)などSNS(ソーシャル・ネットワーク・サービス)が急速に普及し、小学生・中学生でも利用者は拡大している。子どもたちは、サービスの仕組みがよく分からないまま、スマートフォンを買い与えられ、SNSデビューする。しかし、情報メディアを使ったコミュニケーションには危険が隠されている。教習所に通ったことのない無免許の子どもに、車を買い与えているようなものである。

情報メディアに頼った子どもたちのコミュニケーションは、「ネットいじめ」と呼ばれるインターネット上での誹謗中傷やいじめを増加させ、深刻な問題となっている。全国のいじめの認知件数のうち、パソコンや携帯電話等での誹謗中傷や嫌なことをされる「ネットいじめ」の件数は　2011年は2千992件だったが、2013年には8千799件へと急激な増加を見せている（文部科学省2013年度「児童生徒の問題行動等生徒指導上の諸問題に関する調査」）。

ネットいじめの原因の多くは、自分の思いを伝えるための「ことば」を相手がどのように感じるか考えずに使っていることにある。つまり、子どもたちは共感コミュニケーションができないのである。

こうした問題を防止するためにも、幼少期からさまざまな異なる他者と直接交流し、自分の意見や気持ちをことばで適切に伝えるというコミュニケーションの訓練が必要である。そのため、文科省は、学校で歌、絵、身体などを使って表現することや、合唱や合奏、球技やダンスなどの集団的活動や身体表現などを通してコミュニケーション力を育てる教育を推奨している。

とりわけ、コミュニケーション教育の中でも、私が強く主張したいのは、相手の思いや感情を理解し、相手の思いや感情に寄り添いながら共感することばや態度で相手と交流する「共感コミュニケーション育成」の必要性である。共感に基づくコミュニケーションは、相手の気持ちを感じることなく相手を傷つけるような行動を抑制する。また、互いを思いやる共感コミュニケーションは、他者と共に苦しい状況を乗り越えるために必要な力となる。

私は赤ちゃん先生クラスを見学する中で、小学生が現代社会で必要とされる共感コミュニケーションを学び、相手の気持ちに寄り添い交流している機会に何度も遭遇した。赤ちゃん先生クラスは、小学生が共感し合い、協力し、対話しながらコミュニケーションの力を育むユニークな体験授業である。その実例を次章で詳しく見てみよう。

第5章　参考文献

足立文代、佐田久真貴「ソーシャルスキルトレーニング実施が学級適応感や自尊感情に及ぼす効果について」兵庫教育大学学校教育学研究　第28巻　2015年

アイゼンバーグ・N『思いやりのあるこどもたち　向社会的行動の発達心理』北大路書房　1995年

浅川潔史、八尋義晴、浅川淳司「児童期の愛他行動と共感性に関する発達的研究」兵庫教育大学研究紀要　第33巻　2008年

尾之上高哉、丸野俊一「児童の共感性育成研究の展望」九州大学心理学研究　第13巻　２０１２年
廣岡他「小学生のコミュニケーション能力に対するPerformance Assessment.3：コミュニケーション能力育成活動を通した変化の検討」三重大学教育学部研究紀要（自然科学・人文科学・社会科学・教育科学）61巻　２０１０年
戸田須恵子「幼児の他者感情理解と向社会的行動との関係について」北海道教育大学釧路校研究紀要　35号　２００３年
藤野 沙織、本村 祐里佳「日常生活における幼児の感情リテラシーの発達」法政大学大学院紀要　法政大学大学院紀要　75号　２０１５年
フランス・ドゥ・ヴァール、西田 利貞、藤井 留美訳『利己的なサル、他人を思いやるサル―モラルはなぜ生まれたのか』草思社　１９９８年
フランス・ドゥ・ヴァール、柴田 裕之訳『共感の時代へ―動物行動学が教えてくれること』紀伊國屋書店　２０１０年
野津隆志「小学生は赤ちゃん先生クラスから何を学ぶか」２０１６年度赤ちゃん先生クラス報告書

第6章

共感コミュニケーション力を育てる赤ちゃん先生

気持ちを読む力を教える赤ちゃん先生

本章では前半で、共感コミュニケーション力の一つの要素、「気持ちを読む力（感情読解力）」がどのように赤ちゃん先生クラスで育成されているか見ていく。後半ではもう一つの要素である「かかわる力：愛他的行動力と愛他的言語力」の育成の実際について述べたい。

まず、気持ちを読む力である。

気持ちを読む力とは、相手のことば、表情、身振り、動作などから感情を読みとり理解する能力である。「すぐ切れる子」「いじめ」「校内暴力」「少年犯罪」などの背後に、友達や周囲の人の感情を理解し、適切に対応する能力の欠如や未成熟の問題が存在している。子どもたちはインターネットやスマートフォンに日々接し、バーチャルな感情体験には慣れているが、逆に実際の人間関係の中で感情にぶつかる経験は乏しい。そのため、心理学者たちは年少期から、相手の感情を読み取り、自分の感情を適切に表現したり、感情をコントロールする訓練の重要性を指摘している。

前章でも詳しく述べたように、気持ちを読む力（感情読解力）は年少期からの豊かな感情体験から作られる。特に小学生の年齢になると、友だちや異年齢の人々との多様な体験を通して、複雑で微妙な感情を習得していく。体験が感情を作るのである。
さて、赤ちゃん先生クラスでは、毎回のクラスの中で気持ちを読む力が効果的に育成されている。以下では赤ちゃん先生クラスの中でどのように気持ちを読む力が育成されているか、神戸市内のS小学校のクラスを例にして詳しく見てみたい。

赤ちゃん先生クラス「赤ちゃんとお話ししよう」の展開

S小学校2年生の赤ちゃん先生クラスの2回目は、「赤ちゃんとお話ししよう」というテーマで行われた。どのように小学生たちはことばが使えない赤ちゃんと「話し」、気持ちを読み取ることを学ぶのだろうか、その場面を詳しく見てみたい。

〈導入〉

クラスでは赤ちゃんたちが母親に抱かれて入場する前に、ママリーダーが小学生たちに「ふわふわことばとちくちくことば」というテーマで話しをした。
「きょうはことばの力という話しをします。ことばはすごく力を持っているんです。ことばには2種類あります」という導入から始まり、小学生に「ふわふわことばとちくちくことば」についてやりとりをした。

「どんなことばがうれしいですか？」

「ありがとう」「だいじょうぶ」「楽しかった」「よかったって言われたらうれしい気持ちになる」

「ふわふわことばはうれしくなることばですね。では、いやになることばに何かありますか？」

「ばか」、「くず」、「きらい」、「あほ」、「へた」、「どいて」

「いろいろありますね。いやになることばはちくちくことばですね。ちくちくことばを言われたら、みんなどんな気持ちになりますか？」

「いやになる」、「むかつく」、「やり返したくなる」


ここまでは普通の小学校の道徳授業でも行われている「ふわふわことばとちくちくことば」の学習である。この後で、赤ちゃんが入場し、通常の授業とは違うユニークな活動が始まった。各グループに赤ちゃんと母親が一組ずつ入り、赤ちゃんの気持ちを考え、想像し、

「話せない」赤ちゃんを相手にコミュニケーションをする課題が与えられた。

〈展開〉

私はかいと君という赤ちゃんのグループを詳しく観察してみた。2年生9人がグループになった輪の中心に、ママとかいと君が入ってくる。ママはかいと君を輪の中心に腹ばいにさせ、次々に小学生たちに問いかける。

「かいと君は前と変わった？」

「声が出るようになった」「大きくなった」

「今何言ってるんだろう？」「何してほしいんだろう？」

小学生たちは赤ちゃんを見たり、頭をなでたりしながら、赤ちゃんの「ことば」や「欲求」を想像力を働かせて探そうとする。

「遊びたいんちゃう！」「手をつなぎたがってる」「お腹すいたって言ってる」

腹ばいになったかいと君は、ハイハイをして母親に向かっていった。

小学生たちが一斉に「お母さんって呼んでる！」と答えた。ハイハイの背後にある赤ちゃんの心のことばを読み取ったのだ。

さらに、ママは「みんなは赤ちゃんと話ができるかな?」と問いかける。

小学生たちはさまざまなやり方でかいと君に接触し始めた。

子どもの一人がかいと君の頭をぐるぐるとさすった。

「あかん、あかん、強く触ったら泣くで!」周り子どもたちが注意する。

ある子は赤ちゃんの顔の前で手をたたいて注意を引こうとした。

「パチパチ大きい音出したらあかん!」「びっくりさせたらあかん!」と子どもたちがお互いに注意し合う。

一斉にやさしく音を立てないように手でジェスチャーをしだした。子どもたちは相手の置かれた状況や感情を想像し、協力し合いながら相互に理解を深め、小さく弱いものへやさしく接するコミュニケーションを学んでいるのだ。

母親が少し離れたところに座ると、かいと君は手足を懸命に動かし，ハイハイして母親に寄っていった。

「熊みたいや、四つ足ではいはいする」「すげえ、手で動けるようになったね」

母親が小学生に問いかける。「今、何て言ってるんだろうね?」

「行きたいって言ってる!」「ママって呼んでるんちゃう!」「勝手口に行きたい!」

かいと君が母親にたどり着き、抱っこされ、母親のネームプレートを手に取りおしゃぶりしはじめた。

小学生たちは一斉に「おしゃぶりがほしいって言ってる！」と声を上げた。

このように小学生たちは、赤ちゃんに触り、抱っこし、赤ちゃんとふれあうことで、赤ちゃんの輝く瞳、皮膚のやわらかさ、笑い顔、泣き声などに直接接する。小学生達は赤ちゃんを観察し（視覚）、泣き声を聞いたり（聴覚）、触ったり（触覚）しながら、まさに五感を使って感情の読み取り方を学んでいる。

赤ちゃん先生クラスは、全体を通して赤ちゃんと小学生がふれあい、体全体の感覚で赤ちゃんを感じる時間だ。また、赤ちゃんと接したうれしさや楽しさの感情を友達と共有する時間でもある。小学生たち一人ひとりの笑顔や歓声も皆に共有される。赤ちゃん先生クラスは、赤ちゃんの持つ自然に周囲の注意を引き、感情を喚起する力を使い、小学生の気持ちを読む力を育てる効果的で貴重な体験授業となっている。

泣いて「かかわる力」を教える赤ちゃん先生

さて次は、赤ちゃん先生クラスで共感コミュニケーション力のもう一つの力「かかわる力」がどのように形成されているか見ていきたい。

赤ちゃん先生クラスの中でも4回目の活動「泣いてもいいんだよ」は、かかわる力の育成の様子が鮮明に現れている。このクラスを何度も観察すると、赤ちゃんたちの自然な行動が小学生のかかわる力の2要素「愛他的行動力」と「愛他的言語力」を育てあげていることが分かる。ここでも私のクラス観察例を再現してみる。

〈導入〉

この日のクラスは、学校公開日なので保護者たちがたくさん集まり見学していた。

2年生にママリーダーが「皆さんはどんなときに泣きますか」と問いかけることからクラスが始まった。子ども達は一斉に手を上げ答えた。

「ママに怒られたとき」

「サッカーのときにボールがみぞおちに当たったとき」

「おとうさんに勉強しろと怒られたとき」
「3DSゲームができなかったとき」

泣くことへの小学生たちの意識を共有した後、ママリーダーは自分のペットの犬が死んだときのエピソードをまさに共感を呼び起こすように話した。

小学校5年生のときに初めてワンちゃんを飼ってもらいました。結婚する24歳までずっと一緒に過ごしてました。私が結婚するときにはもう1人じゃ歩けないくらいに年取って、ワンちゃんは3月3日のひな祭りの日に病院に行って亡くなったんです。
ワンちゃんが亡くなったとき、私は立ち会えなかったのですが……電話がかかってきて……それを聞いた瞬間ボロボロ涙が出たんです。……
家に帰ってお別れしました。火葬してもらって今はお墓に入っています。私は辛い経験をしたのでたくさん泣きましたが、旦那さんや周りの人に支えられて立ち直れました。

ママリーダーはゆっくりと淡々とした口調でワンちゃんとの死別経験を話した。クラス中が静まりかえって聞いている。リーダーの目も赤く潤んでいる。見学の保護者たちも皆真剣に聞いている。悲しいという感情が子ども達の心に浸透し、会場の皆にも共有された場面である。

〈展開：子どもと赤ちゃんの交流〉

「悲しい」という感情をクラスで共有したのち、赤ちゃんと母親たちが入場し、赤ちゃんと小学生たちの交流が始まった。今度は楽しくうれしい喜びの感情が共有されていく。

しばらくすると、母親たちはいったんその場を退場した。「お母さんたちはおもちゃを取りに隣の部屋に行きます。その間、赤ちゃんを見ていてください」というママリーダーの説明に、「えー」と一斉に子ども達の不安の声が上がった。

ここからは、小学生たちは母親のいないところで赤ちゃんの世話をしなければならない。もちろん母親たちの退場は、はじめから計画された設定である。

母親たちが教室から出ていくと、当然のように赤ちゃんたちは一斉に泣き出だした。赤ちゃんたちはちょうど、一歳前後の人見知りの年齢だ。教室中が赤ちゃんの泣き声でいっぱいになった。

小学生たちは自分たちで協力し合い、なんとか赤ちゃんをあやし、泣き止ませよう必死になる。

あるグループでは、7人が一斉に赤ちゃんを取り囲み、泣き顔をのぞきこみ、頭をなでたりする。おもちゃを赤ちゃんの顔にくっつける子もいる。手をたたいたり、だっこを試みる子、厚紙をウチワにして必死にあおぐ子、何をしていいか分からず呆然と遠巻きにみている男子もいる。鏡を使って頭をなでた男子は「そんなんしたらあかん」と女子に叱られた。泣きやまそうと格闘する小学生の必死の努力が、見ている私にも伝わってくる。愛他的行動力が鍛えられる場面である。

小学生たちから「いないいないばあ！」「だいじょうぶだよ！」「泣かないで！」「おもちゃだよ！」といったことばが思わずでてくる。泣き止まそうと幼児アニメの歌を歌い始めるグループもある。愛他的言語力も同時に訓練されている。

もちろん赤ちゃんは泣くのをやめない。いっそう泣き声が大きくなり、教室中に響き渡る。赤ちゃんの感情に小学生は体ごと接し、赤ちゃんの感情に真剣に格闘し、小学生の感情も揺さぶられている。こまった、どうしようという当惑の表情が子ども達の顔にあふれている。子どもたちは通常の学級の授業では経験することがない共感コミュニケーションの技能を学ぶ場面に直面しているのである。

それからしばらくしてようやく母親たちが帰ってきた。母親が抱きかかえると、さきほどまで泣きじゃくっていた赤ちゃんたちは安心したのか、あっという間に静かになった。小学生たちも皆ほっとした様子だ。

〈活動のまとめ〉

その後、ママリーダーは小学生たちに「お母さんたちがいないとき赤ちゃんと接してどうでしたか」と問いかけた。子どもたちはグループごとに感想を発表した。


「ケンジくんは泣いてたけど、ハンカチを落としたら笑ってくれた」

「ひろちゃんは足の裏こちょこちょしたら笑って、ほかの時はずっと泣いて、お母さんがだっこして笑って、泣き止んでよかったです」

「よしきくんは最初は泣かなかったけど、お母さんがいなくなったら泣いてた。慰めようとしたけど泣いた。お母さんが来たら泣かなくなった。やっぱりお母さんがいいんだね、お母さんが大好きなんだと思いました。」

赤ちゃんの偉大な力：泣く子は育てる

小学生がクラスの後に書いた感想文にも次のような記述があった。赤ちゃんが泣くという一つの感情表現を生きた教材にして、小学生が他者の感情と自分の感情を重ね合わせ、泣く他者への関わり方を考えていることがよく分かる。

「なんでお母さんがいないとき、なくんだろうと思ってかんがえると、ぼくがまいごになったときみたいなかんじかなあと思いました」

「ケンジくんはいっぱいないていたけど、お母さんがだっこしたらなきやんで、だいやくんが作ったかみひこうきでなきやんだり、おかあさんがつくった虫を見せたらなきやんで、かわいかったとおもいました」

小学生たちはこれからの成長過程で、たくさんの「泣く」経験をする。「悲しい」「嬉しい」「幸せ」「悔しい」「感動」などさまざまな場面で自分が泣いたり、泣く他者に直面するだろう。そして小学生たちは、その場面を経験するたびに、その泣くことの背後にある感情を読み取り、泣く他者への関わり方を学んでいかなければならない。

「泣く子は育つ」ということわざがあるが、赤ちゃん先生のばあいは「泣く子は育てる」と言えるだろう。泣く赤ちゃんが小学生たちの共感コミュニケーション力を育てている。

第6章　参考文献

汐見稔幸　『子どものコミュニケーション力の基本は共感です』　旬報社　２００７年

文部科学省コミュニケーション教育推進会議　『子どもたちのコミュニケーション能力を育むために～「話し合う・創る・表現する」ワークショップへの取組～』　２０１１年

第**7**章

調査データから見る赤ちゃん先生クラスの効果

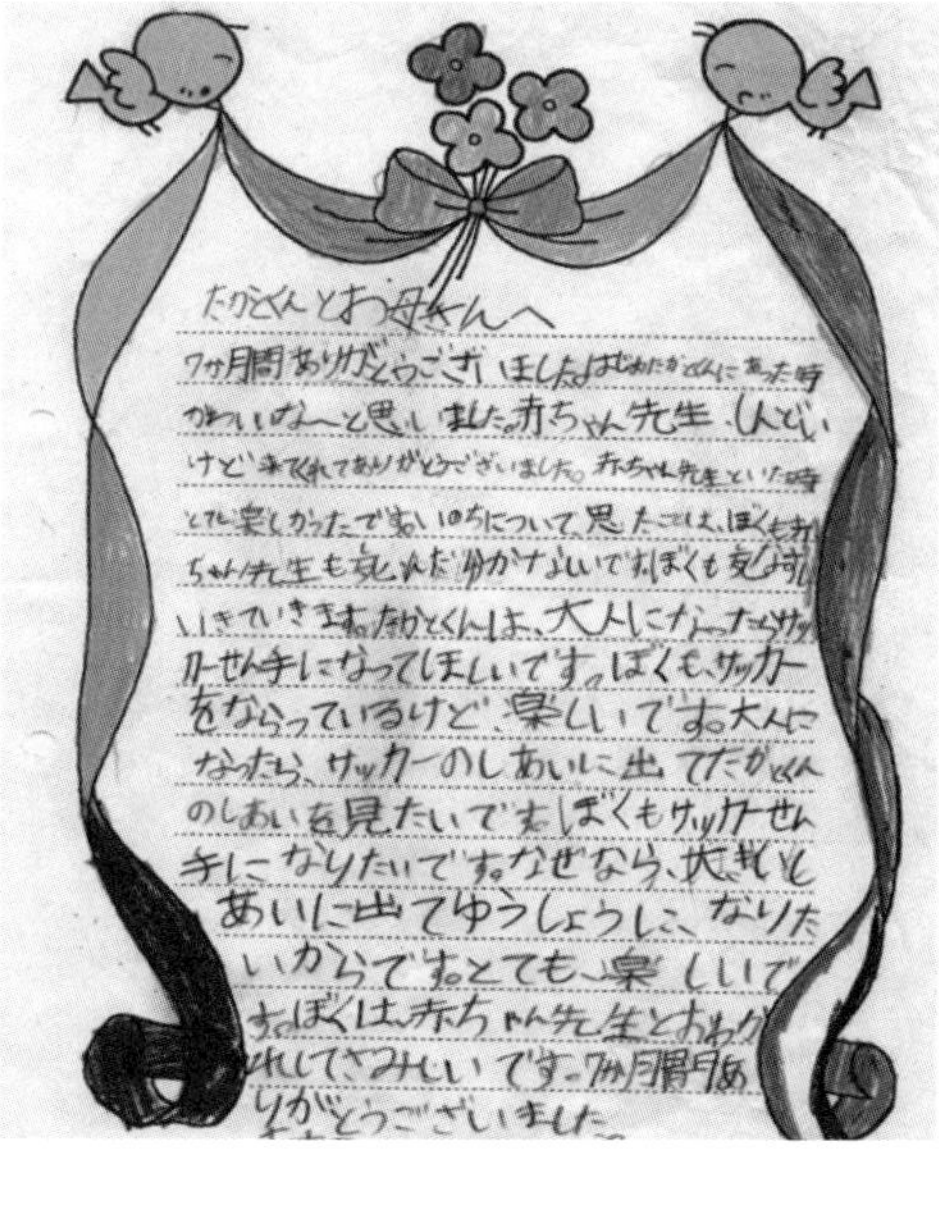

たかとくんとお母さんへ
7ヵ月間ありがとうございました。はじめたかとくんにあった時
かわいいなーと思いました。赤ちゃん先生、しんどい
けど来てくれてありがとうございました。赤ちゃん先生といた時
とても楽しかったです。いのちについて思ったことは、ぼくも赤
ちゃん先生も死んだらかなしいです。ぼくも気をつけて
いきていきます。たかとくんは、大人になったらサッ
カーせん手になってほしいです。ぼくも、サッカー
をならっているけど、楽しいです。大人に
なったら、サッカーのしあいに出てたかとくん
のしあいを見たいです。ぼくもサッカーせん
手になりたいです。なぜなら、大きなし
あいに出てゆうしょうに、なりた
いからです。とても楽しいで
す。ぼくは、赤ちゃん先生とおわか
れしてさみしいです。7ヵ月間月あ
りがとうございました。

調査の要約

1．小学生が書いた「赤ちゃんとお母さんへの手紙」の分析から

小学生は赤ちゃん先生クラスから

「命の大切さ」と「やさしさ」を習得している

2．共感コミュニケーション力：「気持ちを読む力：感情読解力」「愛他的行動力」「愛他的言語力」の分析から

小学生は赤ちゃん先生クラスから

「共感コミュニケーション力」を習得している

	クラス開始前 回答数	クラス終了後 回答数
気持ちを読む力： 感情読解力	400	679
愛他的行動力	262	486
愛他的言語力	404	660

1. 小学生が書いた「赤ちゃんとお母さんへの手紙」の分析

計量テキスト分析とは

今まで社会調査の研究では、アンケート調査の自由記述の回答や子どもの作文など文字が並んでいるデータ（テキストデータと言う）を分析することは非常に難しかった。テキストデータから内容の特徴を読み取る研究は、時間のかかる職人芸のような技術で行われてきた。

しかし近年、テキストデータを数量的に整理して、内容分析を補助してくれる「計量テキスト分析ソフトウェア」が開発されてきた。これらのソフトウェアを用いることで、格段にデータ分析の信頼性、客観性が向上した。

たとえば、夏目漱石の小説「こころ」には、「死」という語が頻繁に登場し、それがだんだん小説の展開に従って増えてくることや、さらに「死」という語はどの言葉や人物と結びついているといった精密な分析が可能となった。

KH Coderを用いた「赤ちゃんとお母さんへの手紙」の分析

そこでここでは、計量テキスト分析ソフトウェア「KH Coder」を用いて、小学生が赤ちゃん先生クラスから何を学んでいるのか小学生の作文から分析してみたい。

私の手元には、２０１３年3月に兵庫県内の小学校で行われた赤ちゃん先生クラスに参加した小学2年生が、最後のクラス前に書いた「赤ちゃんとお母さんへの手紙」が61通ある。ここではこの61通の手紙を対象に、実際に「KH Coder」を使ってみて、どんな特徴が見られるか分析してみる。

まず、予備的作業として手紙に出現する品詞の数を見てみる。61通の手紙には５５４個の文が記述されている。次の**表1**のように、動詞では「なる」、形容詞では「やさしい」、名詞では「命」が一番記述が多い。つまり、子どもたちは「……になる」「やさしい」「命」を用いた文章を多く記していることが分かる。

子どもの作文のクラスター分析

次に子ども達の文章にどのようなパターンがあるのか調べるために、クラスター分析をしてみた。クラスター分析とは、文中に使われている似通った語句を一つのグループ（クラスターと呼ぶ）にまとめることで、そのグループの特徴を抽出する統計手法である。今回は５つのクラスターを作って見た。その結果、**図１**のように大きく二つのクラスターが、他と比較してグラフの棒が伸びていることが分かった。

表１　小学生が記述した品詞の総数

動詞	記述数	形容詞	記述数	名詞	記述数
なる	188	やさしい	57	命	97
する	74	たのしい	15	お母さん	77
ちる	39	かわいい	13	赤ちゃん	65
ゆる	37	いい（よい）	10	人	61

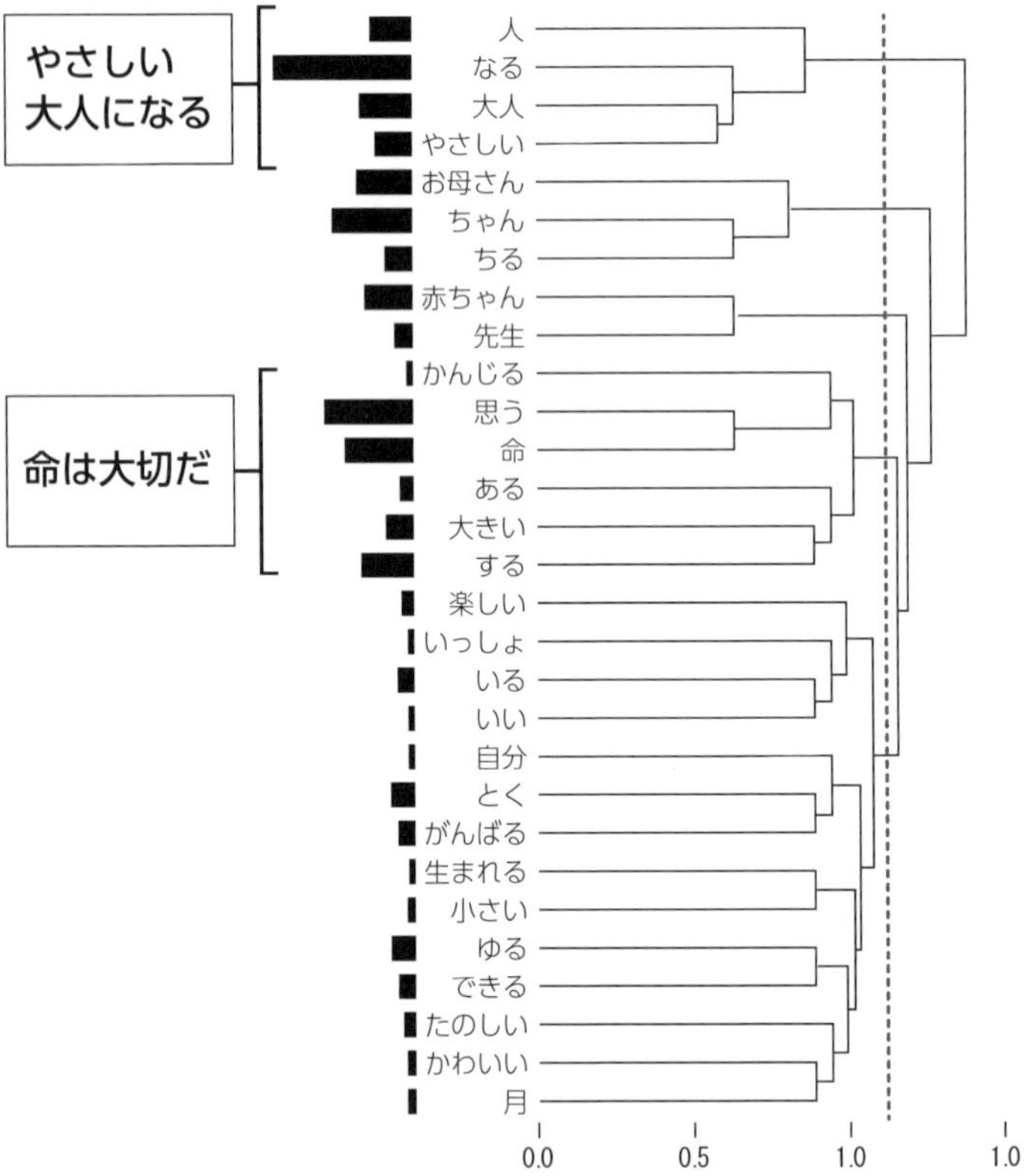

図1　子ども作文のクラスター分析

まず、「やさしい」「大人」「人」という語句と「なる」が結びついた文から構成されているクラスターがある。このクラスターの文では、「やさしい大人になる」などの文章が多く記されているので、このクラスターは「やさしい大人になる」と名付けた。

次に、「命」「思う」「する」などから構成されているクラスターがある。ここでは「命を大切にする、命は大切だと思う」などという文章が多く記されているので、このクラスターは「命は大切だ」と名付けた。

この2つのクラスターを手がかりにして、子どもの手紙をもう一度詳しく分析してみると2つの特徴がはっきりと読み取れる。

特徴1　小学生は赤ちゃん先生クラスから「命の大切さ」を学んでいる。

まず第一の特徴は、**表1**に示したように、61通の手紙には「命」という名詞が97回も登場することである。小学生たちはクラスを通して「命」に強く印象づけられたことが分かる。

さらに**図2**に示したように、「命」という名詞は「大切」ということばと対になり、たとえば「命は大切だ」と小学生たちは手紙に書いている（24個）。また、「命は小さいから大切だ」、「命は生まれてきたから大切だ」、「命はお母さんからもらったから大切だ」、「命は生きているから大切だ」など、命の大切さの理由まで記述している文章もあった。つまり、小学生たちは命の大切さを理解し、命の意味を深く学んでいることが手紙の分析から分かる。

特徴2　小学生は赤ちゃん先生クラスから「やさしさ」を学んでいる

次の特徴は、「やさしさ」に関する記述の多さである。小学生の手紙で最も多い文例は「私はやさしいおとなになります」または「・・ちゃんはやさしいおとなになってね」という文だった。**図3**に示したように、なんと57個もの「やさしい大人になる、なっ

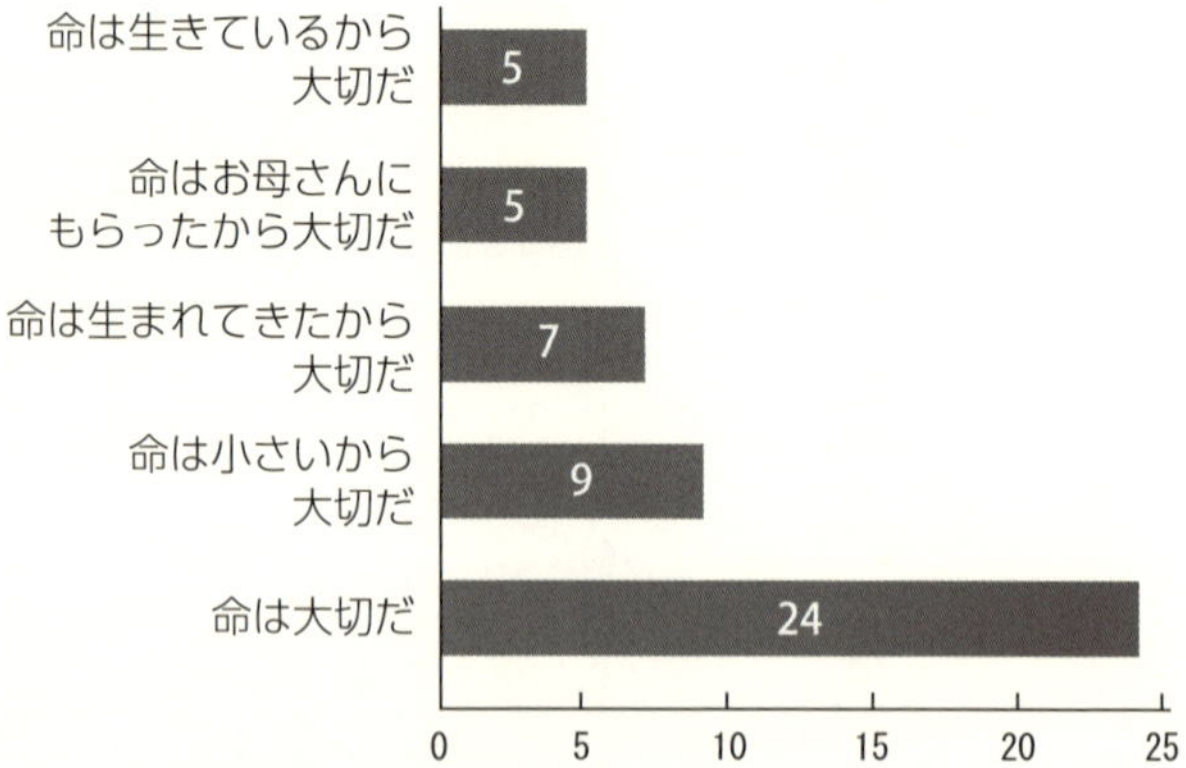

図2　小学生は命の大切さを学ぶ

てね」の文があった。

そのほか、将来への希望を述べた文として「がんばる大人になる、なってね（24個）」、「かしこい大人になる、なってね（9個）」、「かわいい大人になる、なってね（4個）」があった。しかし、「やさしいおとなになる、なってね」が数の上では圧倒している。

つまり、小学生は赤ちゃん先生から「やさしさ」を学び、「やさしい大人」をめざすことを学んでいると言える。

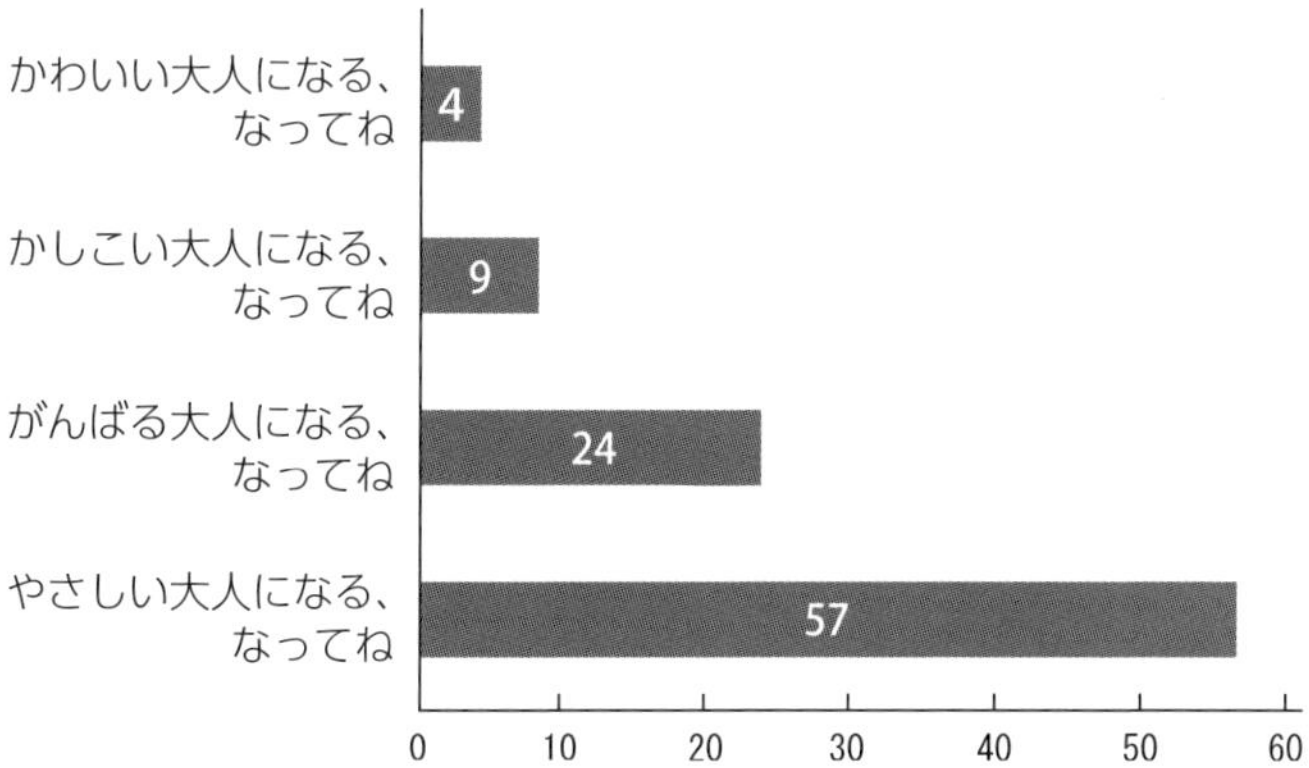

図３　小学生はやさしさを学ぶ

2. 共感コミュニケーション力：「気持ちを読む力」「かかわる力」の調査

2016年に私は赤ちゃん先生クラスを経験した小学生を対象に共感コミュニケーション力：「気持ちを読む力」「かかわる力：愛他的行動力・愛他的言語力」の変化について調査を行った。調査対象は、赤ちゃん先生クラスを実施した小学校3校の2年生と3年生（138名）である。

「気持ちを読む力」とは、前章でも述べたように、相手の表情、身振り、ことばなどから相手の感情を推測する能力と、さらにその相手の置かれた状況を理解する状況把握能力から成り立つ（笠屋　1977、中村　2006）。

次に、「かかわる力」は、「愛他行動」、「向社会性行動」、「思いやり行動」とも呼ばれ、人からの報酬を期待しないで、他人のためになることを自発的に行うことである。けがをした友人や満員電車の中で立っている老人を見たときに「たいへんだろうな、苦しいだろうな」と相手の苦痛に共感し、相手を支援するアクションをおこすことである。今回の調査では「かかわる力」を、愛他的行動力（身体活動によって能動的に援助する力）と愛他的言語力（援助的ななぐさめや励ましのことばをかける力）の2側面から分析する。

赤ちゃん先生クラスの中で小学生たちは、泣いたり笑ったりとさまざまな感情をありのままに表現する赤ちゃんという存在に直接接し、多くの感情体験をすることで感情読解力が向上すると予想される。また同時に、幼い赤ちゃんを抱っこしたり、泣く赤ちゃんをあやしたりすることで、小さな命への愛他的行動力や愛他的言語力が向上すると予想される。

絵シートによる3能力の調査

具体的な調査方法は「絵シート」の記述分析である。「友だち」と「赤ちゃん」のイラストを入れた2種類の絵シート「友だち絵シート」「赤ちゃん絵シート」を作成した。小学生は、赤ちゃん先生クラス実施前と最終回（5回）終了後、この絵シートの吹き出し部分に自分の回答を記述する。

友だち絵シートの質問文は次の3つである

「質問1：このともだちは、なぜないているのでしょうか?」↓気持ちを読む力の質問
「質問2：このともだちに、あなたはどんなことばをかけますか?」↓愛他的言語力の質問
「質問3：このともだちに、あなたはなにをしてあげますか?」↓愛他的行動力の質問

赤ちゃん絵シートの質問文は次の3つである。

「質問4：このあかちゃんは、なぜないているのでしょうか?」↓気持ちを読む力の質問
「質問5：このあかちゃんに、あなたはどんなことばをかけますか?」↓愛他的言語力の質問
「質問6：このあかちゃんに、あなたはなにをしてあげますか?」↓愛他的行動力の質問

なぜないているのか：気持ちを読む力（感情読解力）の変化

質問1「このともだちは、なぜないているのでしょうか?」と質問4「このあかちゃんは、なぜないているのでしょうか?」は、気持ちを読む力（感情読解力）を問う項目である。**図2**から分かるように記述数は事前から事後で大幅に増加している（質問1：1・7倍増加、質問4：1・7倍増加）。

質問1への回答で記述数が多い動詞、名詞、形容詞から上位5語を並べたのが次の**表2**である。小学生たちは、学校場面や家庭場面で、ころぶ（こける）、いじめられる、悪口や意地悪を言われる、怒られる、仲間はずれにされるなどを想像して泣いている状況を記述している。記述回数も事前か事後で2倍から5倍以上に増えている。小

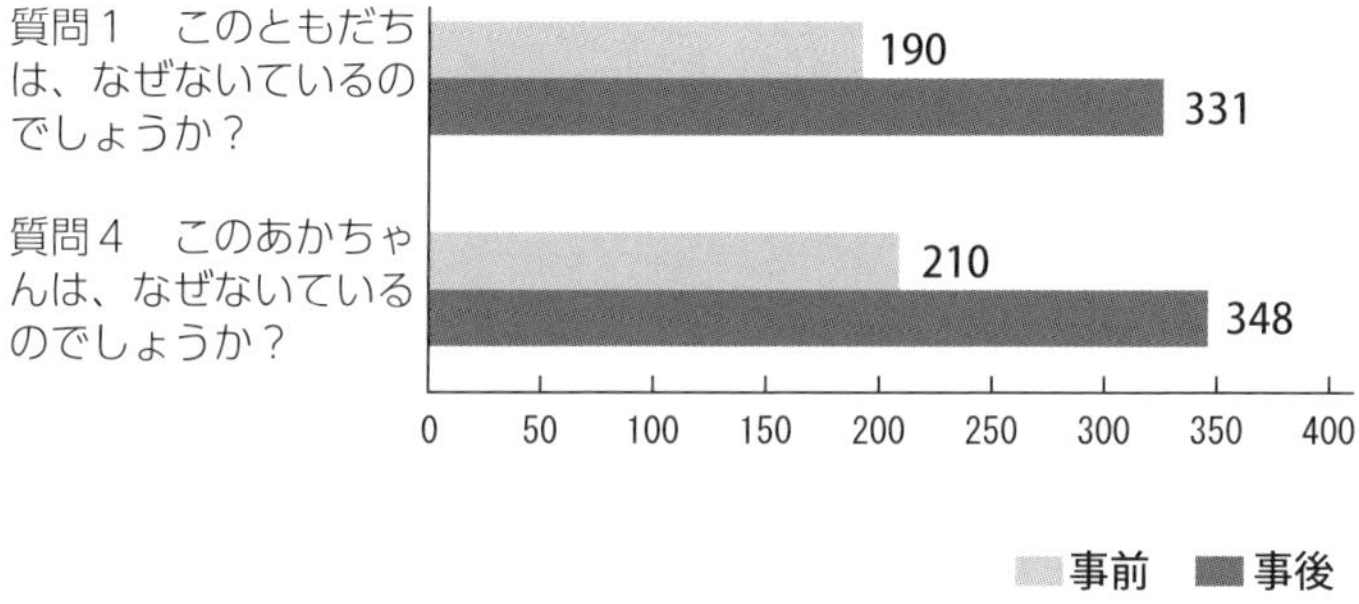

図2　気持ちを読む力の変化

表2　質問1に対する小学生の記述単語の上位5語

小学生の記述例	事後（事前）記述数
こける（例：こけたから、こけてけがをした）	58（20）
いじめられる（例：ともだちにいじめられる、いじめられたから）	42（21）
言われた（例：わるぐちをいわれた、いじわるをいわれた）	23（6）
怒られた（例：せんせいにおこられた、おかあさんにおこられた）	23（4）
仲間（例：なかまはずれにされた）	21（6）

学生たちは友達が泣くという状況や感情に対する想像力を高めたと言える。

次に、質問4に対する回答で記述回数が多い動詞、名詞、形容詞から上位5語を並べたのが**表3**である。事前と事後の記述回数を比較すると、「お母さん」「眠い」「変える」などに関係する単語の記述回数が大きく増加している。

特に注目できるのは「お母さん」の記述が5倍以上に増えていることである。小学生たちはクラスの中で、赤ちゃんがお母さんにしがみついている場面、お母さんがいなくなると泣く場面、おむつを替える場面などに遭遇した。そうした観察体験の結果、小学生たちは母親と赤ちゃんの強い結びつきや母親の重要性を理解したため「お母さん」に関する記述が大きく増加したと思われる。

表3　質問4に対する小学生の記述単語の上位5語

小学生の記述例	事後(事前)記述数
お腹(例:おなかがすいた、おなかがへった)	70(34)
お母さん(例:お母さんがいない、お母さんにはぐれた)	62(12)
ミルク(例:みるくがほしい、みるくがのみたい)	35(24)
眠い、眠たい	27(4)
変える(例:おむつをかえてほしい)	14(1)

なにをしてあげるか：愛他的行動の変化

他者への愛他的行動の変化を問う質問の「質問３：このともだちに、あなたはなにをしてあげますか？」と「質問６：このあかちゃんに、あなたはなにをしてあげますか？」への回答の変化を示したのが**図3**である。

図3に示したように、愛他的行動に該当する記述は、事前から事後で記述数は約２倍に増えている。

質問３に対する回答で記述回数が多い動詞、名詞、形容詞から上位５語を並べたのが**表4**である。どの単語も事前から事後で記述数が大きく増加している。

質問６に対する回答で記述回数が多い動詞、名詞、形容詞から上位５語を並べたのが**表5**である。泣いている

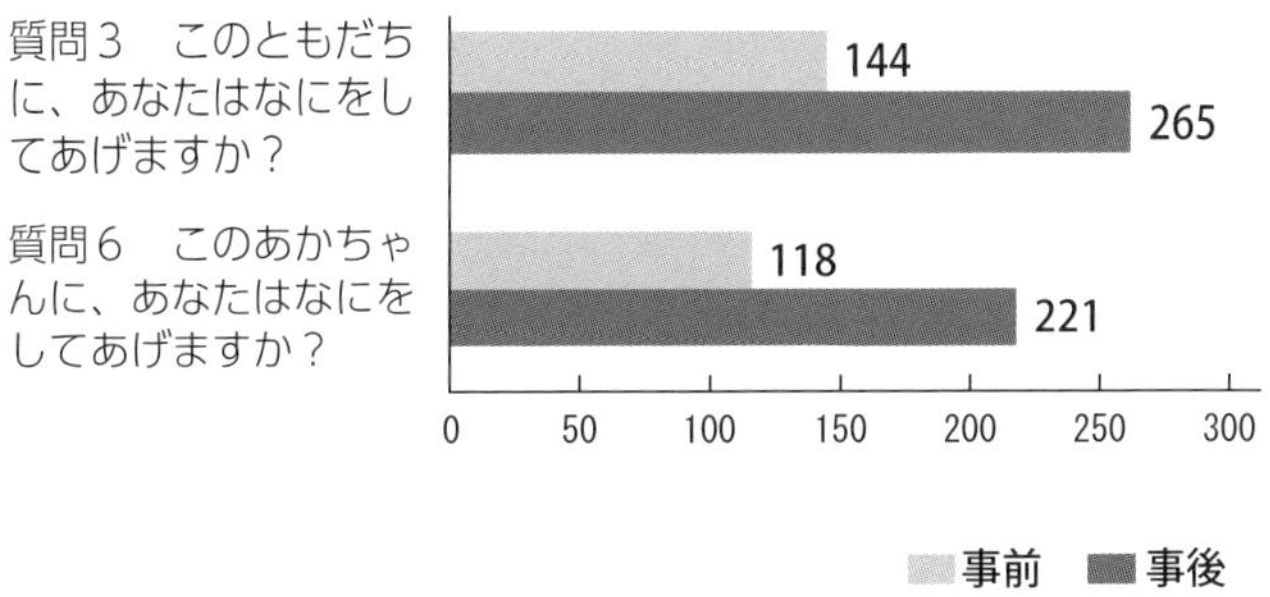

図３　愛他的行動力の変化

赤ちゃんに対して、小学生たちは「みるくをあげる」「だっこしてあげる」「あそんであげる」など能動的な愛他行動力に該当する回答を多数記述している。記述数は事前から事後でどの単語も増加している。

表4　質問3に対する小学生の記述単語の上位5語

小学生の記述例	事後（事前）記述数
いっしょ（例：いっしょにあそんであげる）	56（14）
保健室（例：ほけんしつへつれて行く、ほけんしつに行く）	50（20）
遊ぶ（例：いっしょにあそんであげる、みんなであそぶ）	46（40）
連れる（例：ほけんしつへつれて行く、家につれてかえる）	44（14）
あげる（例：あそんであげる、ばんそうこうをはってあげる）	29（28）

表5　質問6に対する小学生の記述単語の上位5語

小学生の記述例	事後（事前）記述数
あげる（例：みるくをあげる、だっこしてあげる、あそんであげる）	62（52）
だっこ（例：だっこする、だっこしてあげる）	60（41）
遊ぶ（例：おもちゃであそぶ、あそんであげる）	48（30）
なでる（例：あたまをなでる、なでてあげる）	30（17）
いないいないばあ（例：いないいないばあをする）	15（13）

どんなことばをかけるか：愛他的言語力の変化

質問２「このともだちに、あなたはどんなことばをかけますか」と質問５「このあかちゃんに、あなたはどんなことばをかけますか」への小学生の記述数の変化を示したのが**図４**である。質問２は１・５倍の増加、質問５は１・９倍の増加である。小学生達は赤ちゃん先生の経験を積むことで、友達や赤ちゃんへ思いやりのある多様なことばを使い、なぐさめたり励ましたりする言語的愛他行動の力を高めたと言える。

表６は、質問２への回答記述で記述の多かった単語を並べたものである。小学生たちは、友達が泣いている理由を尋ね（どうしたの，なぜ泣いているの）、励ましている（だいじょうぶ、なかないで、一緒に遊ぼう）。どの単

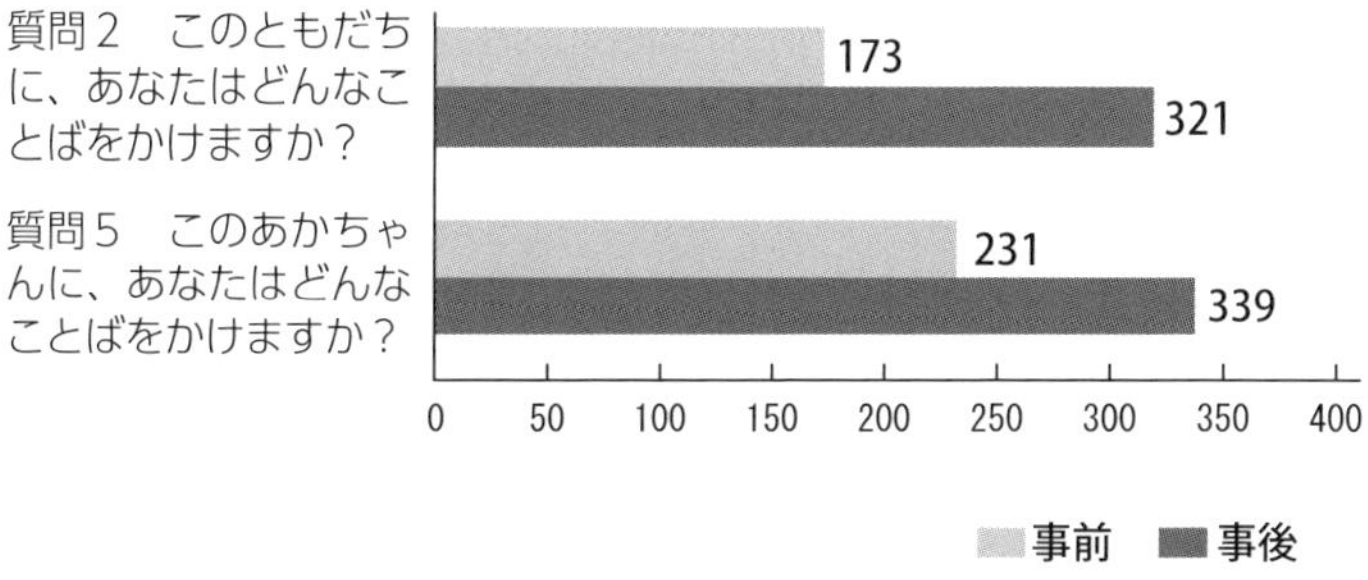

図４　愛他的言語力の変化

語も事前より事後の方が記述数の増加が見られる。

質問5に対する回答で記述回数が多い動詞、名詞、形容詞から上位5語を並べたのが**表7**である。赤ちゃんに対する励ましのことばである「大丈夫」は、事前から事後で倍近くに記述数が増加している（事前44→事後80）。小学生たちは赤ちゃん先生クラスで泣い

表6　質問2に対する小学生の記述単語の上位5語

小学生の記述例	事後（事前）記述数
大丈夫（例：だいじょうぶ）	108（50）
どうした（例：どうしたの、どうしたん）	54（51）
いっしょ（例：いっしょにあそぼう、いっしょにほけんしつへいこう）	36（2）
泣く（例：なかないで、なぜないているの）	36（23）
遊ぶ（例：いっしょにあそぼう）	25（4）

表7　質問5に対する小学生の記述単語の上位5語

小学生の記述例	事後（事前）記述数
大丈夫（例：だいじょうぶ、だいじょうぶだよ）	80（44）
どうした（例：どうしたの、どうしたん）	40（42）
泣く（例：なかないで、なかなくていいよ）	35（30）
母さん（例：おかあさんくるからね、おかあさんにあいたいの）	25（4）
遊ぶ（例：いっしょにあそぼう）	15（4）

ている赤ちゃんと接し、励ましのことばを実際に多用したことが記述数の増加につながったと推測できる。

また、質問4への記述のところでも述べたように、質問5でも「お母さん」に関する記述がここでも大きく増加している（事前4→事後25）。赤ちゃんが助けを必要とするとき（泣いているとき）に母親が果たす役割の重要性を小学生たちは学んだと言えるだろう。

赤ちゃん先生クラスは総合的な「体験授業」である

以上に述べた小学生の作文と絵シート調査の結果から、**小学生達は赤ちゃん先生を経験することで、「命の大切さ」、「やさしさ」への意識を高め、「感情読解力」、「愛他的行動力」、「愛他的言語力」などの能力を向上させている**ことが明らかになった。

さらに、**表3、表7**に示したように、小学生たちは母親と赤ちゃんの結びつきの強さを実感し、「お母さん」に関する記述を大きく増加させた。つまり、**赤ちゃん先生クラスは、子どもの成長における母親の重要性を小学生たちが理解することにも役立っている。**

赤ちゃん先生クラスの活動を振り返ってみると、クラスには小学生たちが自然にこうした意識や能力を高めるための活動が多様に組み込まれている。5回の連続する赤ちゃん先生クラスは、赤ちゃんとその母親に小学生が接する総合的な「体験授業」となっている。今まで赤ちゃんと直接接した経験の少ない小学生たちは、5回の赤ちゃん先生クラスを通して、赤ちゃんと触れ合い、赤ちゃんを抱き、泣く赤ちゃんをあやし、世話し、さまざまな育児体験をする。また、赤ちゃんのほほえみや泣く場面に身近に接する「感情体験」を共有する。さらに、母親から赤ちゃんの誕生の経緯や成長への喜び、母親の心配などを直接聞く。

こうした総合的な体験は、小学生たちの学校生活や将来の社会生活で必要とされる基本的な「命の大切さ」、「やさしさ」への意識を高め、「感情読解力」、「愛他的行動力」、「愛他的言語力」などの能力向上に貢献している。

第7章　参考文献

アイゼンバーグ・N　『思いやりのあるこどもたち　向社会的行動の発達心理』　北大路書房　1995年

浅川潔史、八尋義晴、浅川淳司　「児童期の愛他行動と共感性に関する発達的研究」　兵庫教育大学研究紀要　第33巻　pp.31-38. 2008年

尾之上高哉、丸野俊一　「児童の共感性育成研究の展望」　九州大学心理学研究　第13巻　2012年

笹屋里絵「表情および状況手掛りからの他者感情・推測」教育心理学研究　第45巻　第3号　1997年
佐藤洋美「乳幼児とのふれあい体験学習が中学生の子育てに対するイメージに与える影響」日本生活体験学習学会誌　第4号　2004年
日本心理学会（監修）、箱田裕司、遠藤利彦（編集）『本当のかしこさとは何か：感情知性（EI）を育む心理学』誠信書房　2015年
藤野沙織、本村祐里佳「日常生活における幼児の感情リテラシーの発達」法政大学大学院紀要　法政大学大学院紀要　75号、2015年
中村真樹「児童期における他者感情推測能力の発達」九州大学心理学研究　第7巻　2006年
野津隆志「小学生は赤ちゃん先生クラスから何を学ぶか」2016年度調査報告書
野津隆志、梅野智美「赤ちゃん先生クラスが小学生に与える効果—絵シート・アンケート調査の分析より—」兵庫県立大学商大論集　第69巻　第1・2号　2017年
樋口耕一『社会調査のための計量テキスト分析—内容分析の継承と発展を目指して』2014年ナカニシヤ出版
渡辺弥生、藤野沙織「児童の感情リテラシーの発達：感情表現に焦点を当てて」法政大学文学部紀要73号　2016年

第 8 章

ママたちの無縁社会

ママはたのビジョン「無縁社会の解消」

ママはたは、活動のビジョンとして「無縁社会の解消」を掲げている。このビジョンは、とても重要な意味を持っている。子育てで孤立し無縁となり、地域や友人とのつながりに困難を感じている母親たちが結びつき、母親同士の交流や助け合いの関係を作ろうという理念である。さらに、母親たちのつながりが拡大し、広く社会にあるさまざまな「無縁」の人たちもつながっていくことを願ったビジョンである。

現在、育児中の母親が無縁社会の犠牲者となっている。母親たちの無縁を解消することは差し迫った社会的課題である。そこで、この章では子育て中の「ママたちの無縁社会」の深刻な実態を、各種の調査や研究を参考にしながら述べていきたい。

無縁社会とは

近年、無縁社会ということばを頻繁に聞く。家庭や地域をつないでいた「縁」が薄れ、人と人の絆が失われてきている。かつての日本では「血縁」「地縁」がしっかりあり、親戚や近所とのつきあいは当たり前のことだった。

しかし現在、人をとりまく縁は大きく変わりつつある。先進国の中で比べても、日本の地域内での相互扶助の水準は非常に低い。世界価値観調査(２００５年)では、「友人、同僚、その他のグループの人とつきあいがある人」の割合は20カ国中で日本が最低である。かつて日本のどこでも見られた人と人のつきあいが地域から消滅していることを示している。

同じ家族の中でも孤食が進み、地域では近所づき合いが疎遠になり、職場では仕事以外の付き合いが減っている。近所との付き合いのない高齢者が孤独死したのちに発見されたりする。ある新聞の記事によれば、引き取り手のない遺骨が増えているという。２０１５年度は10年前の２倍に迫る遺骨７３６０柱を全国の自治体が保管した。背景の一つには家族関係の希薄化があるとこの記事は述べている。

無縁の若者も増えている。15歳から34歳の若年無業者は60万人、15~34歳人口に占める割合は２・２%。政府は「ふだんは家にいるが，自分の趣味に関する用事の時だけ外出する者」を広義のひきこもりとし、その数を69・６万人と推計している(内閣府　平成26年版子ども・若者白書)。インターネットやＳＮＳの世界でしかコミュニケーションができない若者が増えるのも無縁社会の一面である。

孤育ての不安

無縁社会の問題は子育て中の母親に大きくのしかかっている。

「弧育て：こそだて」や「孤育：こいく」という言葉がマスコミで使われることがある。母親たちが育児の責任を一人で背負い込み、二十四時間休みなく孤立無援でわが子のために奮闘する姿をあらわす言葉である。

私は大学の授業で毎年赤ちゃん先生クラスを実施している。そのとき、弧育ての大変さを母親たちから聞くことがある。「二人の子どもを一緒にお風呂に入れている。今ほしいのは自分の髪をゆっくり乾かす時間」、「ひさしぶりに赤ちゃんなしで、一人でスーパーに行ったのが新鮮でとてもうれしかった」などと話す母親たちがいた。他に頼る人もないため、母親たちが孤立しながら子育てに奮闘している様子が目に浮かんでくる。

弧育ては、母親たちの不安や孤独感を強め、心理的なストレスを高める恐れがある。ひどい場合は「産後うつ」になる母親もいる。産後うつが深刻になると、今度は育児放棄や子ども虐待が生じることさえある。

専門家による調査でも母親の弧育ての深刻さが、この20数年で増していると指摘されている（山野則子　２０１２）。生後4ヶ月の子どもを育児中の母親を対象に「近所でふだん世間話をしたり、赤ちゃんの話をしたりする人がいますか」という質問に対して、「いない」と答えた母親は、１９８０年調査では15・５％だったのに対して、２００３年調査では34・８％と倍増している。また、「子育てで、いらいらすることは多いですか」という質問にも、１歳半の子どもを持つ母親で「はい」と回答したものは、10・８％（１９８０年）から32・６％（２００３年）と三倍に増えている。

三歳児神話

なぜ育児ママたちは無縁化し「弧育て」になってしまうのだろうか。その原因の一つに育児をめぐる日本特有の価値観がある。

日本では高度経済成長期に「三歳児神話」と呼ばれる価値観が広く社会に浸透した。三歳児神話とは、「子どもの成長にとって特に三歳までの幼少期が重要と考え、お腹を痛めて産んだ親が養育に専念するべきだ。育児に専念しないと子どもの発育に悪影響を及ぼす」という考え方である。

もともと、この「三歳児神話」は、アメリカの心理学者ジョン・ボウルビィ（1951年）の研究から作られたものだ。彼は、第二次世界大戦後に収容施設に入所した孤児の心身発達障害を調べ、障害の原因は母親から離れたために母親への愛着を形成できなかったことにあると主張した。ボウルビィの研究は「母性剥奪理論」と言われる。この理論が日本に紹介され、それが日本では三歳児神話となり、急速に社会に受け入れられていった。子どもから母性を剥奪しないために、女性は結婚したら離職し、家事と育児に専念することがよいことだとする価値観が広く日本に定着していった。

しかし、三歳児神話はあくまでも神話であって真実ではない。1998年に厚生労働省は三歳児神話について「合理的根拠は認められない」と厚生白書で明記した。育児には親密な人間関係が重要であることは間違いないが、母親だけでなく父親を含めたさまざまな人との接触が重要であり、母親だけに子育てへの過剰な期待と責任を与えることは誤りであると訴えている。

しかし、三歳児神話が浸透している日本社会では、現在も通常の共稼ぎ家族で子どもが誕生すると「夫は仕事、妻は育児家事」という家庭内分業が今でも作り出されている。子どもが生まれる前は、夫婦共に仕事を持っているカップルでも、妊娠をきっかけに妻は仕事を辞め、子ども誕生後は、育児はほとんどが妻の仕事となる。妻は夫の仕事の多忙を気遣い、夫へ育児参加を積極的には求めないため、妻は家族の中で弧育てを強いられる。

内閣府男女共同参画局『男女共同参画白書　平成25年版』によれば、結婚前に仕事をしていた女性の27・7％が結婚後に離職している（**図1**参照）。結婚前の仕事をしていた女性の内、正規雇用は64・2％であるが、結婚後には43・6％に低下する。また、仕事をしていた女性の正規雇用は、結婚後よりも第一子出産時にさらに大きく低下し、その後も第二子出産時、第三子出産時と

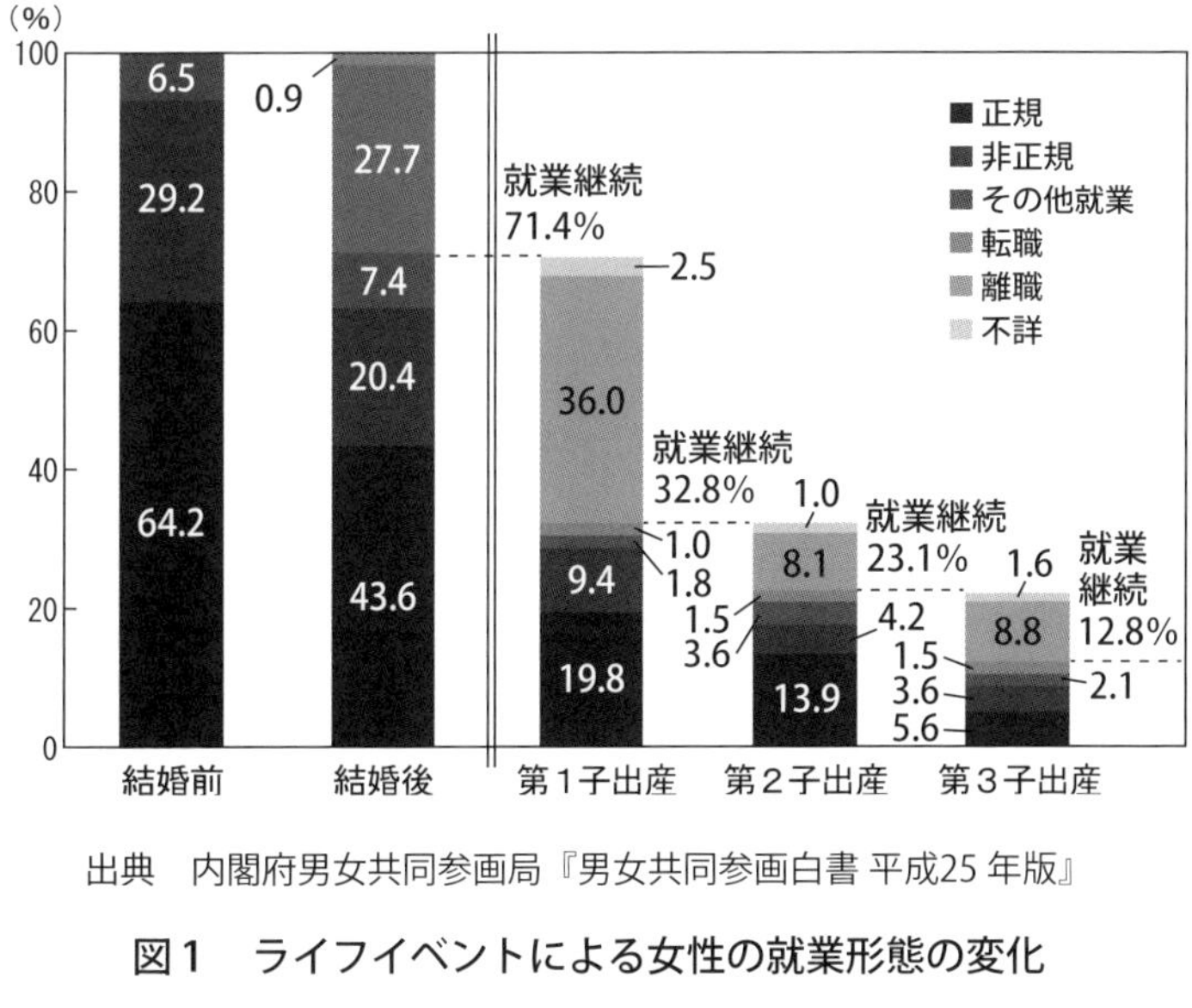

出典　内閣府男女共同参画局『男女共同参画白書 平成25 年版』

図1　ライフイベントによる女性の就業形態の変化

低下し続ける。さらに離職率について見ると、第一子出産時に離職する女性が36・0%と最も多い。最初の出産というのが女性にとって非常に大きなライフイベント（人生の節目）となっていることがわかる。

さらに、夫の転勤や住居形態の変化も孤育の要因となっている。夫の転勤のため見知らぬ土地に来て、近所との付き合いも知り合いもなく、手伝いを当てにできる祖父母も遠方のばあい、母親たちは弧育てをしいられ育児ストレスが作られる。

私の知る母親の中でも、神戸に夫の転勤で引っ越してきた人たちが少なくない。ある母親は東京では高校教師をしていたが、夫の転勤を機に退職し、神戸で出産した。「専業主婦は本当にしんどい。ノイローゼになりそうだった。赤ちゃん先生に参加できて、やっと社会と接する機会ができた」と切々と語ってくれた。

育メン幻想

こうした母親たちの無縁社会問題を解決するため、近年では家庭や育児に対して父親も積極的に関わるべきだという主張が強くなっている。2010年頃から、育児に積極的に関わる男性を指す「育メン」という呼び名も社会に急速に広がった。

少子化対策を推し進める厚生労働省も育メンの拡大を積極的に支援している。子育て雑誌を見ると、いかにも育メンらしいはつらつとしたパパの奮闘ぶりが取り上げられている。育児を均等に手伝い、家事にも積極的に参加する優等生パパたちである。

しかし、現実はきびしい。マスコミが育メンをもてはやすほどには、実際の私たちの身近にいる夫たちは育児に参加していないのである。そんな残念な現実を示す調査がある。

ベネッセ教育研究センターによる調査（幼児の生活アンケート　２０１５年）では、父親の平日の帰宅時間は「９時台」とする回答が最も多く（16・５％）、次いで「８時台（14・０％）」、「10時台（13・４％）となっている。夜９時、10時に帰宅しても、わが子はすでに眠りについている。育児しようにも、長時間労働によって夫の希望は叶わない。

他国と比べても、日本人男性の家事・育児に関わる時間の少なさは際立っている。内閣府男女共同参画局『男女共同参画白書　平成25年版』によれば、日本の男性は１日１時間の育児と家事を行い、女性は１日７・27時間の育児と家事を行っている。他の先進六カ国と比べて、日本の男性の育児時間は三分の一程度である。育メンは幻想に近いことがこうした調査から分かる。

夫が育児に参加できないことは、妻には大きなストレスとなる。厚生労働省の調査（平成23年度全国母子世帯等調査）によれば、離婚して母子家族となったときの子どもの年齢では、0歳から2歳が一番多い（34・2％）。つまり子どもが生まれてから2年以内に離婚する親が最も多いのである。生まれたばかりの子どもの育児をめぐる夫婦間の葛藤が背後にあることが想像できる。

ママはたのメンバーにも、育児で一番疲労しているときに、当時の夫が何も手伝ってくれなかったことを繰り返し非難する母親や、育児で疲れ果てているときの夫の無神経なことばが「トラウマ経験」となり、いつまでも心に深い傷を残している母親たちがいる。私はそれを聞く度に弧育ての厳しさを思い知らされるような気持ちがする。

では、このような母親たちの弧育てと無縁化を解決するためにはどうしたらいいだろうか。ママはたの赤ちゃん先生クラスは、子育てをしながらでも社会や仲間との関係を深めていくことができる。つまり、一種の母親たちによる無縁化解決の取り組み事例でもある。次章でママはたの活動を紹介しながら、母親たちの無縁化解決の方法を見ていきたい。

第8章　参考文献

石井クンツ昌子『「育メン」現象の社会学―育児・子育て参加への希望を叶えるために―』ミネルヴァ書房　2013年。
大日向雅美『子育てと出会うとき』NHKブックス　1999年。
大日向雅美『子どもを愛せなくなる母親の心がわかる本』講談社　2007年。
大日向雅美編『育児不安』心の科学　103　日本評論社　2002年
柏木惠子『大人が育つ条件』岩波新書　2013年
内閣府男女共同参画局『男女共同参画白書　平成25年版』
内閣府『子ども・若者白書　平成26年度版』
野津隆志『市民活動概論』学術研究出版　2015年
山野則子「子育てに困難を抱える人への支援」国際文化研修　2012秋　vol.77

第9章

赤ちゃん先生による
ママ友づくり

孤育ての解消

脳生理学の研究によると、女性は、妊娠・出産を経ることで、色々な能力がアップすると言われる。妊娠し出産した女性の脳は30カ所以上が肥大し、「ママ脳」が形成される。女性たちは、出産後、育児をしていく中で、脳が再構築されるのだ。心理学の研究でも、親になることによって、柔軟性、自己抑制、視野の広がり、自己の強さ、生きがいなど多岐にわたる発達が見られると報告されている。

しかし前章で述べたように、現代の無縁社会化や孤育ての現状は、こうしたママ脳の発達の大きな障害となっている。せっかくのママの脳に仕組まれている潜在能力も、育児ストレスが高ければ本来あったはずのママ脳のパワーも実現できない。

それでも全国の母親たちは自分たちで知恵を出し合い、解決策を模索してきた。その一つが「ママ友」づくりである。

母親たちは、10年くらい前までは赤ちゃんを連れて「公園デビュー」し、公園で知り合い、ママ友を作っていた。現在はママ友づくりも進化し、インターネットやSNSを使って地域の子育てサークルや子育てグループを簡単に探し出し、興味や関心のあったグループに参加し、弧育ての疲れと不安を解消しようと努力している。

ママフェス（ママフェステバル）と呼ばれる育児中の母親たちを対象とした大規模イベントも全国各地で開催され、ママ友づくりの重要な機会となっている。

行政やNPO・市民団体も育児中の母親たちの孤育て・孤育を防止するため、子育てサークルを支援している。私の住む兵庫県では、地域の子育て支援活動を行っているNPO、行政、企業、大学等の各団体が「ひょうご子育てコミュニティ」を結成し、継続して情報を共有し、子育て支援を行っている。このコミュニティには「子育て広場」「ママカフェ」「親子サロン」といった県内の子育て支援を行う各団体が、多数参加し交流を深めている。「ひょうご子育てコミュニティ」には百三団体もの多数の団体が会員として登録されている（2016年5月現在）。それだけ子育てサークルを必要とする母親たちが多いことの表れだろう。

ママ友の集まるコミュニティは、母親たちに情報交換の場、表現の場、出会いの場、仲間づくりの場を提供する。ママ友によるコミュニティづくりは、母親たちの無縁社会解消に大きな力を発揮している。

NHKスペシャル『ママ達が非常事態』より

赤ちゃん先生ママたちの話に入る前に、私が見た興味深いテレビ番組を紹介したい。それは、NHKスペシャル『ママ達が非常事態、最新科学で迫るニッポンの子育て』だ。

この番組によると、母親たちの不安や孤独感を引き起こす要因の一つが女性ホルモンの変化である。妊産婦の女性ホルモンを調べた研究によると、女性ホルモンの一つであるエストロゲンは妊娠中に増加する。エストロゲンは妊娠を持続させるために子宮を大きくし、乳房の中の乳腺を発達させて母乳を作る準備を促す。しかし、出産後、エストロゲンは急激に減少する。このホルモンバランスの急激な変化が、出産後の母親の不安や孤独感を強める働きをする。元々、生理学的に不安や孤独感を生じやすい身体状態にある母親たちにとって、孤育てはさらに大きなストレスとしてのしかかるのだ。

さらに興味深いのは、この番組の中で紹介されていたアフリカ・カメルーン奥地に生活するある部族の子育てである。この部族は森を移動しながら生活し、人類最古の生活の仕方を未だに伝承している。この部族では育児中の母親が森に食糧を探しに行くとき、ごく当たり前のように周囲の人に乳児を預ける。周囲の女性も、これまた当たり前のように乳児を預かりおっぱいまで与えるのだ。

つまり、この部族では子育てを支援するコミュニティが自然に作られているのだ。NHKの番組では、これを「共同養育」と解説していた。共同養育は「みんなが同じ家族だ」という意識を作り、授乳も育児も共同でする。子どもをたくさん産んでも育てられる環境が自然に存在しているのだ。そのためこの部族は非常に多産で、女性は生涯に10人以上も出産するという。

この番組では人類の子育てでは「共同養育」が当たり前だったのであり、母親が孤立無援で「弧育て」を行う異常な事態は、近年の産業化し無縁化した社会が作り上げたものだと説明していた。現代日本では核家族が八割を占めるが、核家族での子育てはこの百年でできた制度にすぎない。母親たちの育児ストレスは、人類の共同養育という自然の摂理からは大きく外れた無縁社会の問題から生じているのだ。

赤ちゃん先生は弧育て解決にどう効果があるか

では、ママはたの活動が、母親たちの弧育ての解消のためにどんな効果を発揮しているか、以下で見ていきたい。

まず母親たちの、赤ちゃん先生クラス参加の効果について見てみよう。私はママ講師たちが赤ちゃん先生クラスに参加した後に記述した感想文を収集してきた。これらの記述には赤ちゃん先生に参加した母親たちの本音が語られている。

人とのつながりをつくる赤ちゃん先生

まず母親たちが最も多く指摘するのは、赤ちゃん先生の活動参加によって人とのつながりができ、孤育が解消できたということだ。今まで詳しく述べてきたように、母親たちは無縁社会の中で弧育てに陥りがちだ。人のつながりができることが母親たちにとってどれほど大きな変化だったか母親たちはさまざまに記している。赤ちゃんクラスは母親の無縁化を防止する「人的セーフティネット」になっている。その例を挙げてみる。

・赤ちゃん先生を1年半やってよかったと思います。人とつながった。親密な仲間ができて、ブログに子育て記録を書き出しました。

・それまでは子どもに集中していて、外を見ていませんでした。子どもしか目に入らなかったけど、人とのつながりが広がり毎日が楽しく送れるようになりました。パパに対してもイライラしなくなりました。

・転勤族で3年前に神戸に来た我が家。赤ちゃん先生を始めて、ああ、やっとここに馴染めたのかな、となんとも言えない嬉しい気持ちと心強さを感じました。

感動をもたらす赤ちゃん先生

第二に、赤ちゃん先生クラスは母親たちに大きな感動をもたらしている。母親たちの作文を読むと、母親たちは赤ちゃん先生に参加し、生徒や学生たちから駆けられることばやふれあいにとても感激し充実感を得たことが分かる。

普通の生活では子どもを育てることを人から賞賛されたり、役に立って喜ばれたりすることはあまりない。しかし、赤ちゃん先生では、自分の経験が生徒たちの教材となり役に立つことを母親たちは実感できる。

・生徒さんたちは、すごく真剣に話を聞いて下さって、こちらも話し甲斐があったし、もっといろんな事伝えられたら！　と思いました。
・生徒さんたちが○○ちゃんのお母さんみたいになりたいと思ったとか、自分がやったことがこの生徒さんたちの未来の何か役に立ったんやなって思うことができてとても嬉しかったです。
・キャリアプランを話すために、自分自身のキャリアについても振り返る事ができ、自分の人生や経験が参考になるのかと思うと感慨深いものがありました。

家族関係をよくする赤ちゃん先生

第三に、赤ちゃん先生クラスは母親たちの夫や家族との関係にもよい効果を与えている。母親たちの記述を見ると、赤ちゃん先生が夫や家族内のコミュニケーションを増やしていることが分かる。

・活動の様子を主人が聞いてくれるようになり、夫が今までより家事や子育てを手伝っ

てくれるようになりました

・ママ講師をやっていることで、その活動に対して家族から賛同・共感してもらえました。良い活動なんだと確信が持てました。

・主人が私がやりたいことなら応援するよ、と言ってくれました。母親が笑顔でいることが一番だと……。ありがたいです。

子育てへの自信を作る赤ちゃん先生

最後に、赤ちゃん先生は母親たちに子育てへの自信を作っている。母親たちは赤ちゃん先生に参加することで、子どもが祝福され、自分の日々の子育てにも関心を持って聞いてもらうことで、自然に子育てへの自信が作られている。赤ちゃん先生は、母親たちの自己肯定感を高め、母親たちを勇気づけるきっかけになっていることが記述から分かる。

・私も人前で話すことに抵抗がなくなり、子育てする自分に自信と誇りが持てるようになりました。

・クラスからたくさんの学びを得て子育てを充実させることができました。今の時間は本当に人生で宝物の時間になってます。
・最後のクラスで一人の小学生から「○○ちゃん（娘）、大きくなったどんなおとなになったいるかな、また会おうね」と言われました。その瞬間、本当に出産してよかったと心から思えました。そして娘を産んだ自分も救われた気がして、自己肯定感があがったのを感じました。

以上に紹介したように、赤ちゃん先生クラスへの母親たちの参加は、母親へ心理面でのプラスの効果と家族の変化を生み出している。赤ちゃん先生は、母親たちの孤育てを防ぎ、子育てコミュニティ作りを促し、感動を体験し、家族コミュニケーションをよくしている。こうした多面的なママへの効果が発揮されることで、赤ちゃん先生は子育てへの自信づくりにも大いに役立っていると言えるだろう。

本書のはじめに、私は「母親たちの元気いっぱいのエネルギーはどこから来るのだろうか」と述べた。本章でその答えの一部が見つかったようだ。赤ちゃん先生への参加は孤育てを防ぎ、ママ友を作り、感動や自信を生み、家族コミュニケーションをよくしている。こうした多面的な効果が母親たちの元気の源になり活動エネルギーに変換されていると言えるだろう。

第9章　参考文献

柏木惠子『子どもが育つ条件―家族心理学から考える』岩波新書　２００８年
柏木惠子『おとなが育つ条件―発達心理学から考える』岩波新書　２０１３年
香山リカ『母親はなぜ生きづらいか』講談社現代新書　２０１０年
境始『赤ちゃんにきびしい国で、赤ちゃんが増えるはずがない』三輪舎　２０１４年
藤見純子・西野理子『現代日本人の家族――ＮＦＲＪからみたその姿』、有斐閣ブックス　２００９年
別冊日経サイエンス１８１『赤ちゃんパワーで親脳を育てる』２０１１年
ひょうご子育てコミュニティ（https://web.pref.hyogo.lg.jp/kk17/hkc.html）

第 10 章

子育てがメリットになる働き方：ママはたのソーシャルビジネス

育児しながら働くママたち

ここは神戸市長田区の六間道商店街。商店街の一画にはママはたの仲間達がいつも集まるコミュニティカフェがある。このカフェもママリーダーが夫と運営している。ママはたのメンバーたちだけでなく誰でも気楽に集えるスペースだ。

今日はこのカフェで、ママリーダー二人が神戸市子ども家庭局の職員と打ち合わせだ。2016年からママはたは、神戸市内10数校の大学で赤ちゃん先生クラスを実施した。この事業は神戸市子ども家庭局から予算を受託して行っている。今日はその打ち合わせである。

赤ちゃんを抱っこしたママリーダー二人が、ごく自然に赤ちゃんにミルクをあげながら職員と打ち合わせている。こんな赤ちゃんもいる和やかな仕事の風景が日本中で当たり前になってほしいと思いながら、私は会話をそばで聞いていた。会話はまるで一般企業のビジネスのやりとりのようだ。

ママリーダー「当初の予算で、開催大学が30校と見通してました。カウントとしてはママ講師4名で1パックとして費用計算して、最終出動したママ講師の数で費用をまとめたいんですが……」

神戸市職員「そうですね。総額150万円を実態に合わせて予算配分するということでもう一度検討させてもらいます……」

赤ちゃん先生クラスの実施には、このようにかなりの金額の予算が動いている。クラスは無償ボランティアでやっているわけではない。

無償ボランティアでは継続性が難しい。立ち上げ当初の熱い気持ちだけでは、長続きしない。責任の所在も必要経費も明確にならない。日本中で社会的に有意義なボランティア活動が毎日のように立ち上がる。しかし、予算不足や赤字会計のためにいつのまにか活動を休止してしまっている。残念なことである。

ママはたは、こうした無償のボランティア活動の弱点を解決するため、設立当初からビジネス的な手法を導入している。民間企業からのスポンサー料や行政からの補助金を積極的に獲得し、赤ちゃん先生クラスに参加するママ達にも多少の金銭的な収益が得られる「ソーシャルビジネス」の仕組みを作り上げてきた。

社会的に意義ある「活動」を「ビジネス：事業」にする仕組みを作り、金銭を流通させることで、事業の品質が確保され、事業は継続的に成長することができる。これがソーシャルビジネスの基本的な考え方である。

この章では、はじめにソーシャルビジネスの考え方を紹介し、その後でママはたのソーシャルビジネスモデルの理念と仕組みについて述べていきたい。

ソーシャルビジネスとは

ソーシャルビジネスはコミュニティビジネスとも呼ばれる。両者に大きな違いはない。ソーシャルビジネス（またはコミュニティビジネス）は、ビジネスの手法を用いて、町の活性化、高齢化、環境、子育てや教育など、地域にあるさまざまな問題を解決する取り組みである。

私の住む神戸は日本のソーシャルビジネス発祥の地である。１９９５年の阪神淡路大震災の後、被災地の復興のためにソーシャルビジネスの試みがいくつも始まったからだ。仮設住宅での弁当宅配や高齢者の移動サービスなどさまざまな事業が展開した。その後ソーシャルビジネスは、全国に普及していった。2011年の東日本大震災後も被災地では、いっそう大規模にソーシャルビジネスが展開している。

経済産業省も、ソーシャルビジネスの普及を支援している。経済産業省によれば、ソーシャルビジネスは三つの要素から成り立つ。①社会性：現在、解決が求められる社会的課題に取り組むことを事業活動のミッションとする、②事業性：そのミッションをビジネスの形に表し、継続的に事業活動を進めていく、③革新性：新しい社会的商品・サービスや、それを提供するための仕組みを開発したり、活用したりする、またその活動が社会に広がることを通して、新しい社会的価値を創出することである（経済産業省　ソーシャルビジネス推進研究会報告書　2008年）。

子育て支援のソーシャルビジネス

フローレンス

子育て支援の分野でもソーシャルビジネスが広がっている。

有名な事例として、NPO法人フローレンスの病児保育事業がある。フローレンスは仕事を持つ親のために、子どもが急に病気になっても預けられる病児保育所を東京近郊で多数開設している。親は会員になり、入会金、月会費、保育料などを支払う。この収益によって保育スタッフの人件費や研修費が確保される仕組みである。ビジネスの手法を用いて、子どもが病気でも安心して働けるという親の願いを達成しようとするソーシャルビジネスである。

兵庫県内の子育て支援のソーシャルビジネス

私の住む兵庫県でも子育て支援のソーシャルビジネスが続々と誕生している。たとえば看護師や保育士、医師、乳幼児の親が集まり、病児保育、障害児保育に取り組んでいる団体がある。また、子育てで忙しい母親にリフレッシュタイムを提供する団体、さらに、英語を学びたい子どもたちのために英語による幼児教育を行う団体、働く育児ママの共同オフィスを運営する団体などさまざまな事業が展開している。

これらの活動は、無償のボランティアではなく、事業性（ビジネス性）を導入することで継続的に子育てに関連した問題解決に取り組むソーシャルビジネスの事例である。

ソーシャルビジネスには「逆転の発想」がある

今述べたように、ソーシャルビジネスは1995年の阪神淡路大震災後、神戸の被災地復興の過程から生み出された。仮設住宅に住む人々のために人々が集うカフェを開いたり、外出困難な高齢者へ弁当を配達したりする事業がはじまり、それがソーシャルビジネスとして注目され、その後全国に普及していった。

ここで被災当時の神戸で始まったソーシャルビジネスを主導したNPO「コミュニティサポートセンター神戸（略称CS神戸）」の実例から、ソーシャルビジネスの重要な視点である「逆転の発想」について述べておきたい。

CS神戸は阪神淡路大震災の復興に先導的活動をし、現在も神戸を本拠地にNPOや市民活動の普及に貢献している有名なNPOである。CS神戸は、震災の後、逆転の発想を駆使して、ソーシャルビジネスを被災地に普及させていった。その事例をCS神戸の資料から紹介しよう。

当時の被災地の支援活動では、たくさんのボランティアが活躍し、仮設住宅に住む住民たちに、無料で食事や生活用品を届け、無料のカフェを開いていた。

しかし、だんだん住民たちの覇気はなくなり、外出への足は遠のいていった。CS神戸のスタッフたちは外出をいやがる住民の声を聞いて歩いた。


「おっちゃん、なんで出てこんの？　参加したらいいやん。」

「なにゆうとるねん。半年間も毎日、ありがとう、ありがとうって言い続けてみい。自分が惨めになってくるわい」

「ほんなら何がしたいの」

「仕事や」


おっちゃんの言うことはこういうことだ。

無償でボランティアから物資をもらってばかりいると、そのたびに「ありがとう」といわなければならない。それがかえって煩わしくなるのだ。人は世話をさる立場におかれ、世話されてばかりでいると、やる気も元気も失っていく。助けてもらうばかりでいると、おっちゃんのいうように自分が惨めになる。

ＣＳ神戸スタッフは、おっちゃんのことばにはっと気がついた。もともと仮設にいた人は、仕事をしていた人たちだ。料理や運転など何か人の役に立つ技術と経験を持っている。そこで、「今度は、人の役に立つ立場になって、ありがとうと言ってもらいたい」と人の立場を逆転させることが大事だと気づいた。

それから被災者の元々あった経験や技術を生かしたさまざまなコミュニティビジネスの試みが被災地に広がっていった。

規模は小さいけれど、人に役立つビジネスをすることで、今まで力をそがれていた弱者の立場から、生き甲斐を感じ、人から喜ばれる支援者に立場が逆転する。ソーシャルビジネスは逆転の発想によって、ビジネスというツールを使うことで、ビジネスを通しての人間関係が作られる。そこには施し施される上下の関係ではなく、社会的に対等な関係ができる。対等な関係からはじめて人と人の信頼関係が作られる。

赤ちゃん先生クラスの逆転の発想

「赤ちゃん先生プロジェクト」も逆転の発想から生まれたソーシャルビジネスである。

本書のはじめに触れたように、ママはたのミッション（理念）には「〝子育て中〟がメリットになる働き方を創る」ということばが掲げられている。このことばに逆転の発想がこめられている。それを説明しよう。

通常、生まれたばかりの赤ちゃんがいる母親は、子どもを置いて働くことはできないと皆思っている。そこで、育児中の母親達は、保育所に子どもを預けることでようやく働く時間を確保する。しかし、保育所不足は社会問題となっている。

２０１６年には「保育園落ちた日本死ね！」という匿名の投稿がＳＮＳに掲載され、日本中で一気に議論が燃え上がった。待機児童の問題は育児中の母親の切実な問題である。結局、母親が育児と就労を両立させることはきわめて困難なため、日本では子どもが生まれると、離職し育児に専念する母親が多い。厚生労働省調査では実に36％の女性が第１子出産を契機に離職している。

しかし赤ちゃん先生クラスは、赤ちゃんがいるからこそ母親が社会に参加できるプロジェクトである。給与とまでは言えないが、多少の収入も確保できる。まさに逆転の発想のソーシャルビジネスである。多くの育児中の母親サークルが、活動をボランティアで行っているのとは異なり、ソーシャルビジネスの仕組みを構築した上で赤ちゃん先生クラスは実施されている。そこにNPOママはたの独自性がある。

また前章でも詳しく述べたように、赤ちゃん先生プロジェクトは母親たちが仲間づくりをし、お互いの助け合いネットワークを作ることで、孤育てや育児不安を解消するという社会的意義を持ったプロジェクトでもある。専業主婦のばあい、ほぼ1日中を子どもと過ごすことになる。ストレスを発散する場や機会が少ないことや、片手間ではなく子育てに専念するのだから失敗は許されないという過度の責任意識が、専業主婦の育児不安度を高めていると指摘されている。そうした問題の解決がプロジェクトの目的となっている。

赤ちゃん先生プロジェクトの仕組み

すでに4章から7章で詳しく述べたように、赤ちゃん先生プロジェクトは、赤ちゃんの持つ「人を笑顔にする力」や「感情を揺さぶる力」を利用した教育事業である。ママ講師の資格を持った母親たちは自分の赤ちゃんと共に学校や高齢者施設へ出向く。それらの開催場所で、育児体験なども含めた「赤ちゃん先生クラス」と呼ばれる活動を実施するのが主なママ講師たちの活動である。**図1**にママはたの組織構成を示した。

「ママ講師」は「赤ちゃん先生」を行う母親たちである。クラスに参加する子どもは、原則3歳未満である。ママ講師となりクラス参加を希望する母親たちは、ママ講師になるためのママ講師養成講座（受講料3万円）を受講し、ママ講師資格を取得する。ママ講師養成講座を修了しママ講師になると、赤ちゃん先生クラスに参加するごとに謝金として2、000円が支払われる。

「トレーナー」は、赤ちゃん先生クラスを効率的に運営し、ママ講師たちのクラス実施をサポートするインストラクター役である。トレーナー

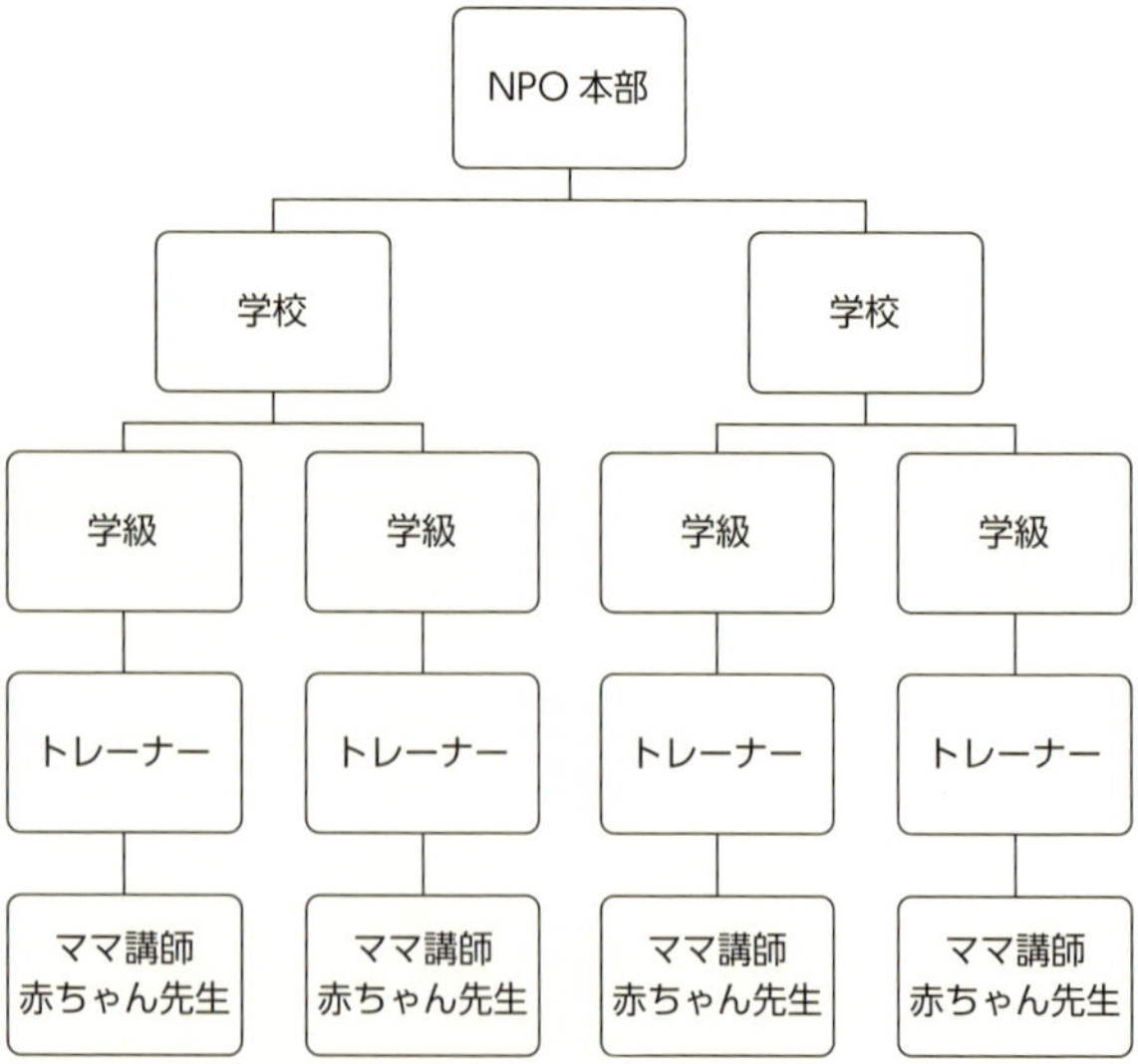

図1　ママはたの組織構成

になるためにはトレーナー養成講座（受講料12万円）を受講する。トレーナーの場合は、赤ちゃん先生クラス参加で3，000円（各1回）が支払われる。さらに、ママ講師養成講座で講師を務めることで2，000円から3，000円（1時間単位）が謝金として支払われる。

「学級」の担当者（学級長）は同じ地域のトレーナーの中から選ばれる。学級を単位に赤ちゃん先生クラスは実施される。学級長が、開催先へのトレーナーとママ講師の派遣を行う。また、赤ちゃん先生の説明会や子連れママ同士が交流するママカフェと呼ばれる母親たちが集まる場を主催することもある。

「学校」はおおよそ30万人都市に一校を目安に設置が進んでいる。2017年現在、全国に49の学校がある。学校長は、複数の学級を統括し、事務局業務や開催先の獲得を行う。さらに、スポンサーの開拓という重要な役割も担っている。

ママはたでは、通常の赤ちゃん先生クラス開催料金を原則3万円（参加者30名まで）と設定している。開催先が自分の予算から支出するばあいもあるし、自治体が市内の学校で行うため支出するばあいもある。さらに、企業・民間団体がスポンサー料金を払い、参加者には無料で開催するばあいもある。

開催先を拡大し、開催費用を確保するためは、この事業に賛同する自治体の助成金や企業・民間団体のスポンサー料を確保するのが学校長などのリーダーたちの任務である。リーダーたちの積極的な「営業努力」によって、現在、スポンサーとなる企業は生命保険、住宅関連、食品、化粧品などのさまざまな業種を含み40数社に増えている。

図2に「ママはた」、「育児ママ」、「企業」という3つの主役の関係を示した。ママはた本部は、育児ママをママ講師やトレーナーの養成講座を開催し、資格を与えている。この資格を利用し育児ママは赤ちゃん先生クラスを実施し、謝金を受け取る。また、ママはた本部は、企業とパートナーを組み、パートナー料金をもらう。企業はパートナーとなることで、ママはた本部やママ講師たちから「母親目線」の貴重な情

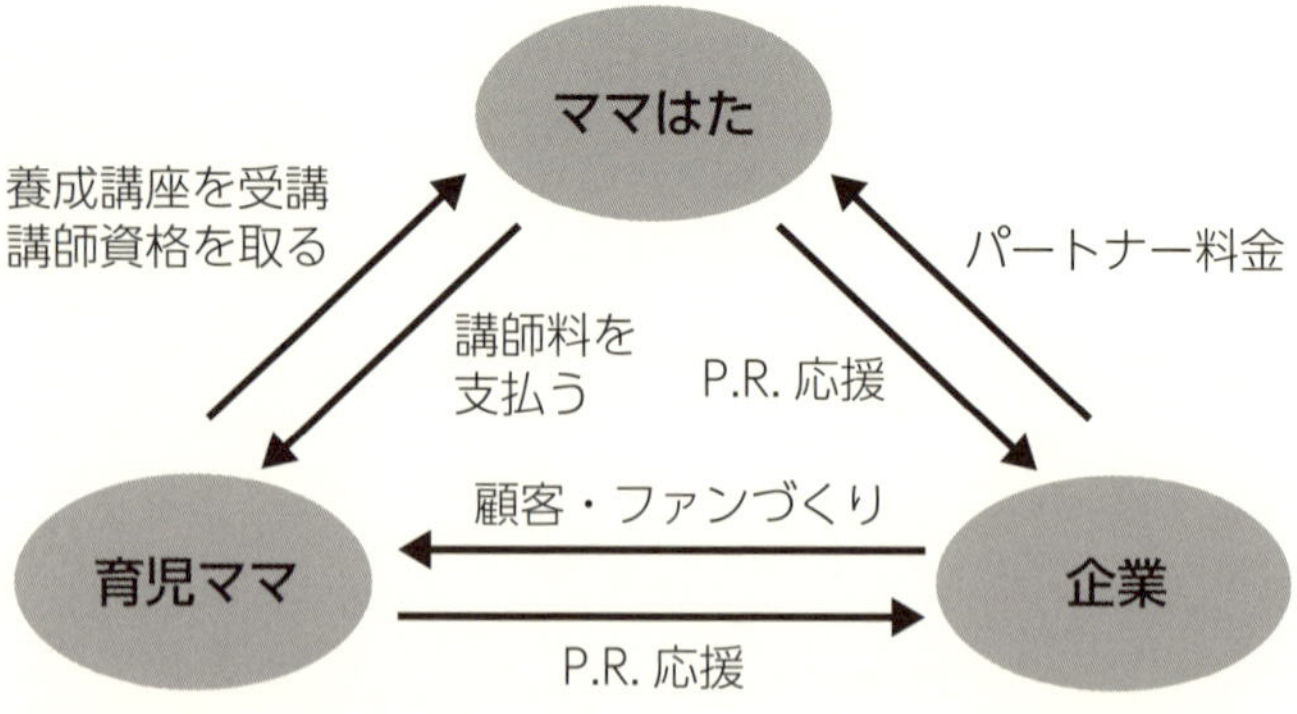

図2　ママはた：企業を介したソーシャルビジネスの仕組み

報を得たり、各種の企業主催イベントの開催を応援してもらったりできる。つまり3つの主役はそれぞれが連携し、ウィン・ウィンの関係を作ることでソーシャルビジネスが成り立っている。

第10章　参考文献

野津隆志『社会活動概論　ひょうごとアジアのNPO・NGO・ボランティアを学ぶ』学術研究出版　2015年

経済産業省『ソーシャルビジネス推進研究会報告書』2008年

コミュニティ・サポートセンター神戸『誕生・自立・挑戦・発展コミュニティ事業とネットワーク型共同事業：コミュニティ・サポート3年（'96.10～'99.12）の記録』2000年。

第11章

ママリーダーは どんな人？

ママリーダーはネットワーカーだ

2016年に私は、赤ちゃん先生のトレーナー資格を持ち、それぞれの地域で元気いっぱいに活動しているママはたのリーダーたち10人にインタビューをした。すでに紹介してきたように、ママはたの母親たちは、エネルギーにあふれた活発な女性たちである。なかでもリーダーたちはそのエネルギーと活動の度合いが並外れて大きい人たちである。

この章では、ママはたリーダーたちはどんな人たちでどんな共通する特徴があるのかインタビューの結果から見ていきたい。

まず共通する一番大きな特徴は、ママはたリーダーたちは、自ら率先して人と人のつなぎ役となる強力なネットワーカーであることだ。リーダーたちは、赤ちゃん先生の母親たちをつなぐネットワーカーであるが、それだけでなく、多種多様な別の活動にも関わり、さまざまな人と人の結び目となっている。

今からちょうど30年前に『「女縁」が世の中を変える　脱専業主婦のネットワーキング』という興味深い本が出版された。社会学者の上野千鶴子さんと関西の女性グループが、当時、関西で広がっていた女性たちによるさまざまな活動グループを取材してまとめた本である。この本では、活発に活動をしている女性たちのつながりを「女縁」と呼んでいる。女縁とはそれまでの地域につながる「地縁」、家族を中心にした「血縁」、男性たちが会社で作る「社縁」とはちがい、女性たちが自らつくるネットワークのことである。

同書によれば、30年前、女縁でつながった女性たちは、家事と育児で閉じこもりがちだったそれまでの専業主婦から大きく変身した。自分で積極的に市民活動、ボランティア、カルチャースクール、趣味のサークルなどきわめて多彩な活動を誕生させ、ネットワークを拡大していった。

現在は、インターネットやSNSを駆使してさらに女縁づくりは活発になっているといえるだろう。今回、インタビューした10人のママはたリーダーたちも女縁づくりに邁進している。インタビューをしたリーダーたちの活動量は桁外れに多い。

赤ちゃん先生の活動だけでも十分忙しく、スポンサーや開催先との打ち合わせ、母親たちとの交流やイベントの開催など日々活動している。しかし、多くのリーダーたちは、赤ちゃん先生以外にいくつもの活動を主催したり、関わったりして、休みなくネットワークづくりに奮闘している。彼女らの手帳は毎日いくつもの予定が書き込まれている。そのため、私とのインタビューも忙しいスケジュールの合間をぬって時間調整してもらった。ママはたリーダーたちは行動力にあふれた女性たちである。5人の例を挙げてみよう。

Kさんは、地域の親子サークルの代表として数十人の親子が集う子育て広場の活動を数カ所で主催している。さらに最近、育児中のママの悩み相談や問題解決を支援するママメンター協会を立ち上げ、代表となった。娘の通う高校ではPTAの役員もしている。

Iさんも、独身時代の幼稚園教師の経験を生かし、長年に亘り親子教室を数カ所で開催している。親子教室の母親たちと密接な関係づくりにも熱心で、大規模な母親たちが集まるイベント(ママフェス)を毎年開催している。最近はスウェーデンの自然教育を親子教室に取り入れるため奮闘している。そのほかガールスカウト、バトミントン、ベビーマッサージ、カウンセリングにも参加している。

Nさんは、年間のべ1200人が参加する親子カフェを毎月一回主催している。そのほか、育メン講座、ハンドベル、手話コーラスも自ら主催している。現在はお菓子をつめた子供用の防災リュック事業の全国展開のために、全国各地を飛び回っている。

Mさんはヨガ教室を3カ所で主催し、ヨガ講師として教えている。ヨガ講師だけでは収まらず、パン調理教室も主催し、その教室で「パン婚」も同時に実施している。テレビ、ラジオ、演劇へも出演しているMさんは、1日に4、5件の活動をこなしながら、それが楽しいとインタビューでは話してくれた。

Gさんは、4人の子どものママである。全国の赤ちゃん先生講座に講師として毎週のようにベビーカーを押しながら参加している。もともとシニアエアロビクス、バランスボールの講師、介護予防インストラクターをしていた。現在は夫と共にコミュニティ・カフェ（レンタルスペース）の運営にも忙しい。

このようにママリーダーたちは、育児中の親子を対象としたサークルを主催したり、人が集まる活動や自分のアイデアで新しい事業を展開したりするリーダーたちである。また、彼女らは人間関係をつくりだす高い意欲があり、人を引きつける魅力がそなわっている人たちでもある。人間関係を調整する柔軟性やコミュニケーション力も備えている。

私から見るといつ休憩するのだろうか、疲れないのだろうかと心配になるほどの活動ぶりである。しかし、インタビューではすべてのリーダーが、ネットワークを広げていく魅力について目を輝かして話してくれた。

Nさん「私はこれがいいと思ったらどんどんやっていく人です。仲間作りは、人脈を作っている感じです。それだけ学びが多いのでやめられません。この人たちでもし会社を作ったらすごいことができるって考えると楽しくなります」

Ｉさん「自分は幼児教室の代表になってますが、自分だけではなくてお母さんたちからエネルギーをもらえるのがとても楽しいです。うちの子、泣いているけど大丈夫やろかと不安に思っている母親たちも、しばらくして子供を笑顔で迎えられるようになります。自分の活動の目標は人が笑顔になることです」

Ａさん「フリーペーパーを出して、子育てママはすごいことしてると発信したいんです。意見が違ってたいへんだけど、母親たちとわいわい話し合いを進めてます。子育てママの応援がしたいんです。」

ママリーダーはえんじょいすと

先に紹介した書籍『「女縁」が世の中を変える』では、多種多様な女縁活動を生き生きとエンジョイしている女性たちを「えんじょいすと」と呼んでいる。実際、赤ちゃん先生リーダーたちも活動を常に楽しむえんじょいすとそのものである。

えんじょいすとであるリーダーたちは楽しみながらつながることを自ら率先して実行している。子どもを夫に預けて、自分の楽しむ活動のために2泊、3泊の泊まりがけの行事にも参加する女性たちである。3人の代表的えんじょいすとを紹介しよう。
Mさん「楽しく過ごしているんで歳を取らないです（笑い）。昔、仕事を紹介されて、大阪で事務職をしたけどぜんぜん続きませんでした。私をかごの中に入れないで！　という感じでぜんぜん合わなかったですね。一生に一回の人生なのだから、私はいやなことも楽しく変換することが好きです。そうすればいやなことも浮かんできません」
Fさん「私は企業さんでもママさんでも話をしたり繋がることが大好きです。ああだこうだと悩むくらいなら、まずやっちゃおうって考えます。楽しむことと好きになることが大切ですね。毎日が楽しいから忙しいとは思わないです」
Nさん「今が一番幸せです。先日もまちづくり講座に参加してきました。自分はやる気があって、気持ちが合う人と一緒にいるのが楽しいし、それが気持ちいいんです。その人たちといるのが居心地がいいし、やりがいも感じます。自分は母親たちの直接の悩みや相談に対応できないですけど、そういうママをつなげてお互いが励まし合える機会を作りたいと思ってます。だから毎日が楽しいです」

社会貢献志向とビジネス志向

ママリーダーたちは、今述べたように、ネットワーカーでありえんじょいすとであることでは共通している。しかし、10人の中では、活動への方向性には微妙な違いも当然ある。

それは大きく分けると「社会貢献志向」と「ビジネス志向」の違いといえる。先に第10章でNPOママはたの赤ちゃん先生事業は「ソーシャルビジネス」であると述べた。ソーシャルビジネスとは、社会的課題解決をビジネスの手法を用いて行う事業である。

どのソーシャルビジネスの実践者でも当てはまることだが、「社会貢献志向」の強い人と「ビジネス志向」の強い人とに分かれる。**図1**に示したように実際のソーシャルビジネスは、社会貢献志向の軸とビジネス志向

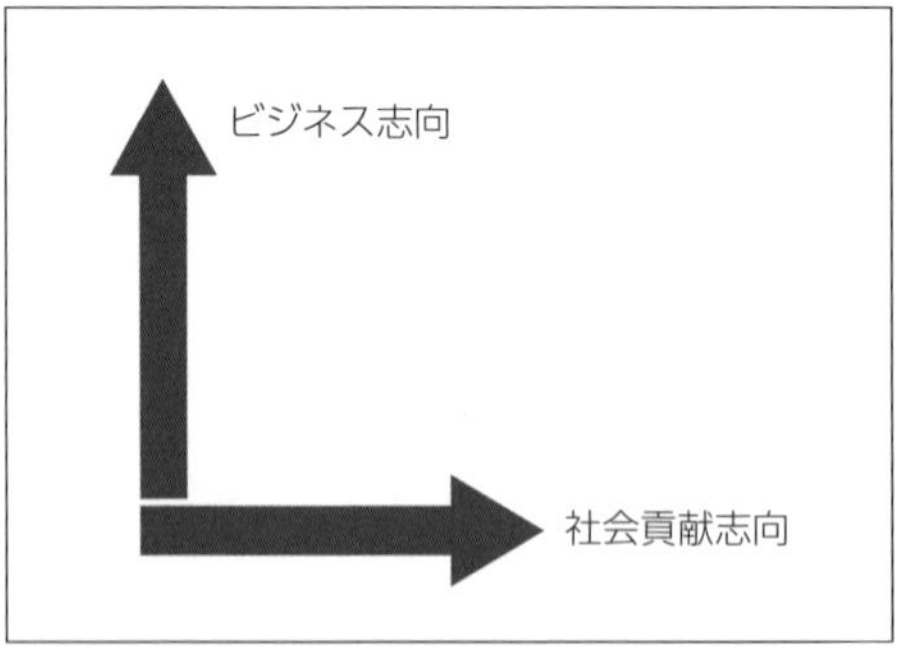

図1　ソーシャルビジネスの二つの志向

の軸との間のどこかに位置する。ママはたのリーダーたちも社会貢献の意欲が強い人とビジネスへの関心が強い人のどちらかに分かれるようだ。

社会貢献志向

Kさんは社会貢献志向が強いリーダーの典型である。子育てに悩んでいる母親たちを応援しようという気持ちが損得勘定を超えて強い。Kさんは赤ちゃん先生以外にも、子育てサークル（子育て広場）を数カ所で運営している。Kさんに出費と収益のバランスについて質問してみた。

「プラスマイナスゼロですがそれで別にいいんです。自分の持ち出しがあっても活動をします。プラスアルファで収入があればもっといいですが、その活動自体が楽しいので続けられます。正直、自分の持ち出しは実際あるのですが、そうしてでもやりたいと思います。人脈などはお金では買えないほど貴重です。自己投資と思えば高いとは思いません」

Nさんも同じように子育てサークル（親子カフェ）を主催しているが、活動することそのものに熱意が強く、収益にあまりこだわっていない。

「私はお金のこととか何も考えずにやってしまう性格です。確かに活動には会場費や通信費がかかります。助成金を調べて、いただけるものはもらいますが、それ以上の収益は考えてません。前はお金とかぜんぜん考えてませんでした。それで赤字になってました。

でも目標は人が笑顔になることで、お金は儲かったらいいですけど、それほど興味ないから、自分はマネージメントがついてこないんです（笑い）」

さらにBさんも子育てをめぐるさまざまな社会問題にも強い関心を持ち、子育てに苦しむ母親たちを支援したいという強い理想を持っている。

「無認可保育所のママは、預けざるをえないママなんです。そこでは保育士が足りないから抱っこしてもらえないんです。そういうところまで考えられるママ講師が増えてくれたらいいとおもって赤ちゃん先生トレーナーをしています。収益はほぼないです。赤ちゃん先生を収益にしたいという気持ちもほぼありません。赤ちゃん先生は教育だから、教育でお金が儲からなくてもしかたがないと思ってます」

ビジネス志向

一方、自分の活動をしっかりとビジネスととらえているリーダーもいる。Ｉさんは冷静に答えてくれた。

Ｉさん「そうですね、お金だけが大事ではないけれど、そこはきちんと考えてます。この仕事を長年しているので自分の経験や自分のスキルをすべて生かした講師料を親子サークルではもらっています」

Ｔさん「収入は重要です。これだけ支出があってこれだけ収入があってと、想定しています。お金は自分への評価基準です」

Ｆさんはインタビューした10人の中で一番ビジネス感覚が鋭いリーダーだった。

Ｆさん「子育て中に、ベビーマッサージの資格を取りに名古屋まで１泊２日で行きました。交通費を含めると全部で20万円はかかっているんじゃないですか。でも、そのころベビーマッサージは一般的でなくて、まだ皆知らないころだったから、絶対流行ると思ってました。なんでも損得勘定を必ず始める前に考えます。赤ちゃん先生の話を最初に聞いたときも、儲かるんじゃないかと感じました。これは　もうかるなーおもしろい、という感じがして、話を聞いてわくわくしました。」

もちろんビジネス意識だけで活動ができるわけではない。かけがえのない仲間との交流はお金には換えられない。どうしても解決しなければならない課題があればボランティアでもやらなければならないことはビジネス志向のリーダーたちも分かっている。

結局、「社会貢献志向」と「ビジネス志向」のどちらが正しいというわけではない。正解がどこかにあるわけでもない。実際、ママリーダーたちの話し合いでは、たとえばスポンサー企業とどう関係を保つかなどかんかんがくがくの議論となることもある。**図1**に示したソーシャルビジネスの軸をめぐって互いに議論しながら、あらたな発展を模索しているところに育児ママのたちが開拓するソーシャルビジネスのおもしろさがある。

ママリーダーを支える人たち

ママリーダーたちは子育て真っ最中にもかかわらず、毎日フル回転で活動し、ネットワークを広げている。これほど大忙しのリーダーたちが、子育てと驚くほどの多彩な活動を両立できているのはなぜだろうか。私はそれにはいくつか理由があると思う。

まず、分かりやすい理由としてパートナー（夫）のサポートである。育メンを夫に持つ2人のリーダーの話を聞いてみよう。

Ｉさんの夫はインタビューしたリーダーのなかで最も理想的な育メンだ。

Ｉさん「週末になったら主人が子供を見てくれて、私は子育てサークルをしていました。主人はそれでも一切ダメと言ったことが無いです。私が楽しかったと帰ってくると　主人はよかったなと言ってくれました。そのおかげで今があるのかなと思う」

４人の子どもを育てるＧさんの夫も育児に協力的である。

Ｇさん「３人目の子どもが生まれた頃、夫は大阪に通っていた。でもそのころから、夫は積極的に育児に協力しています。ふろ、せんたく、子どもの世話全部してます。」

うらやましいほどの育メンぶりである。けれども、インタビューした10人の中で、理想的な育メンといえるのはこの二人だけだった。他のリーダーたちの夫は例外なく仕事に忙しく、意外なほど育児参加度は低い。「ご主人の育児参加は？」と尋ねてみた。

Ｏさん「子どもが生まれたころ夫は大阪で店を出すための住み込みで勉強してました。自分は一人で３ヶ月すごしました。夜、夫はいないので、風呂入れや食事は全部自分がやらないといけなかったんです……」

Tさん「ないです（断言する）。忙しいんです。帰ってくるのは9時半とか10時。夜のつきあいがめちゃくちゃある。ゴルフもあるし。俺も好きなことするからおまえも好きなことしていいよというスタンス。」

Kさん「朝早く出て夜遅く帰ってくる。子供を寝かしつけたころに帰ってくることが長年続いていた。（育児中は）全然育メンではなかった。（子どもが中学生になった）今になって子供と色々関わろうとするので、子供がうっとうしがって……思春期の子は触らない方がいいよと、思春期講座でもしようかと思うくらいです」

この3人のようにリーダーたちの多くは夫の直接の育児サポートは得られない。けれどもリーダーたちはさほどそれを重大に考えていないようだ。それでも多忙なほどに活動を続けられるのはどうしてだろうか。私はそれには二つの理由があると思う。

一つは、なによりも自分が活躍する世界を持ち、子育てと両立させていることに自信がある人たちなのだ。夫に精神的に依存していないのである。たとえばTさんが言う
Tさん「夫は今一級建築士の資格を取ろうとしている。日曜にも勉強に行っている。今

はお互いがお互いに頑張る時期だと割り切っている。自分も夫の世話が手抜きでも堂々と出張に行ける。今度ママはたの仲間と奄美に合宿に行ってくる予定です」

赤ちゃん先生のリーダーをしているという自信や自覚が、自立した考えと行動を作り出しているようだ。

もう一つの夫のサポートがなくてもリーダーたちが活躍できる理由は、夫以外にサポートしてくれる近親者や周囲の環境が整っているからだ。「夫の育児サポートのないことでの苦労は？」という質問に対して、次のように答えている。

Mさん「夫は休みの日に子どもを遊びにつれていく程度だったけど、実家が近かったので支援が得られた。母も専業主婦だったので。」

Fさん「夫は忙しいので子育ては自分が担当だ。そのかわり、義母が手伝ってくれる。義母のおかげで助かっている。同居して娘たちをかわいがってくれる。」

Tさん「夫は絵に描いたようなイクメンとは全然違うタイプ。育児の仕方が分からない。でも夫の実家が近く、おばあちゃんが風呂に入れてくれることが多い。近くに頼れる人がいるのですごくいい。」

また、昔ながらの長屋的な地域環境に助けられているリーダーたちもいる。

Gさん「長屋みたいな住まいなので周りの人に助けられました。長屋住まいはおもしろいですよ。勝手に人が家にあがってくる。夫の実家も下町なので居心地がいい」

Mさん「メゾネットの家に住んでたので、長屋のような生活。朝、近所の子どもが入ってきて勝手にテレビを見ているような生活です。誰かが子どもを見てくれている。」

このようにママリーダーたちは、まったく一人で多様な活動を主催したり新しい事業に取り組んだりしているのではない。夫や周囲のサポートを受けながら活動が発展しているのだ。これもまた、充実したネットワークを十分に活用する能力や機会に恵まれた女性たちだからできたことだと言えるだろう。

第11章　参考文献

上野千鶴子、電通ネットワーク研究会編『「女縁」が世の中を変える　脱専業主婦のネットワーキング』　日本経済新聞社　1988年

上野千鶴子編『「女縁」を生きた女たち』　岩波書店　2008年

第12章

調査データから見るママ講師たち

アンケート結果の要約

1．ママはたのママたちの平均年齢は三〇代が主流

2．ママはたのママたちの家族数は、三人か四人

3．最終学歴は高い。大学・短大卒が 84%

4．世帯収入は全国平均に近い。500 万から 700 万円未満が 42%

5．将来の就労希望では、希望するものが 78%。（パート 43%、自営業・起業 28%）
【注】起業をめざすママが多いのが特徴。ママ脳大学の影響か？

6．ママはたのママたちは、将来の就労の仕方としては、ばりばり働くキャリアウーマン「バリキャリ型」より、家庭生活を大切にし、自分の趣味や交友も楽しみながらマイペースで働く「ゆるキャリ型」の働き方をめざしている。

（調査：神戸市内のママ講師79名が対象）

バリキャリとゆるキャリ

近年、「バリキャリ」と「ゆるキャリ」ということばを聞く。

バリキャリとは、「バリバリ働くキャリアウーマン」を略した言葉で、仕事こそ自己実現の手段と考え、ファッション、趣味、恋愛などの私生活の充実よりも職場での成功やキャリアアップを優先する女性の生き方、価値観を表すことばである。正社員として残業や休日出勤もバリバリこなす女性たちである。

ゆるキャリとは、ばりキャリの対極にある女性の生き方で、「ゆるやかなキャリアの女性」を略した言葉だ。決して仕事第一ではなく、家庭や自分の生活を大切にし、自分の趣味や交友も楽しみながらマイペースで働く生き方である。そこそこの働き方という意味でもある。

では、NPOママはたに参加しているママ講師たちはどのような生き方、働き方を目指しているのだろうか。バリキャリとゆるキャリに分けると、どちらになるだろうか。

2016年に私は、私の大学のゼミ学生とともにママ講師たちにアンケート調査を行った。ママ講師たちがどんな人たちか、バリキャリとゆるキャリのタイプに分けるとどちらに重点を置きながら働き方やライフコースを考えているのか調査してみた。この章ではこの調査の結果を述べたい。

現在、ママはたのママ講師は全国で2000人以上がメンバー登録されている。アンケートの対象者は神戸市内で赤ちゃん先生クラスに参加しているママ講師たち79名である。小規模な調査なので、全国のママ講師たちの全体像を示すことはできないが、神戸の事例として紹介したい。

回答母親たちのプロフィール

問1の回答から分かるように、母親達の年齢は30代が67%で最も多い。ママはたは若い母親たちの集団である。

問2の回答では、家族の人数は3人または4人が大半を占める結果となった。母親たちの大多数の家族は、夫と妻に子どもが1人から2人いる構成であると思われる。

問3の回答からママはたの母親たちは大学・短大卒が84%を占め、「高学歴」であること

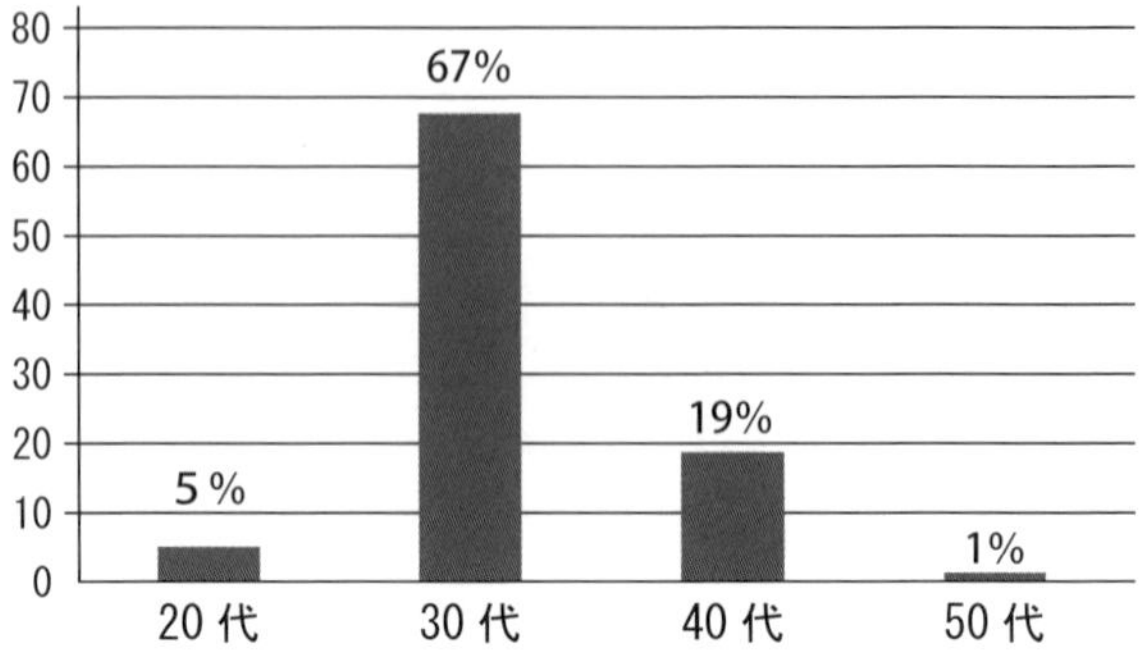

問1　あなたの年齢を教えて下さい。

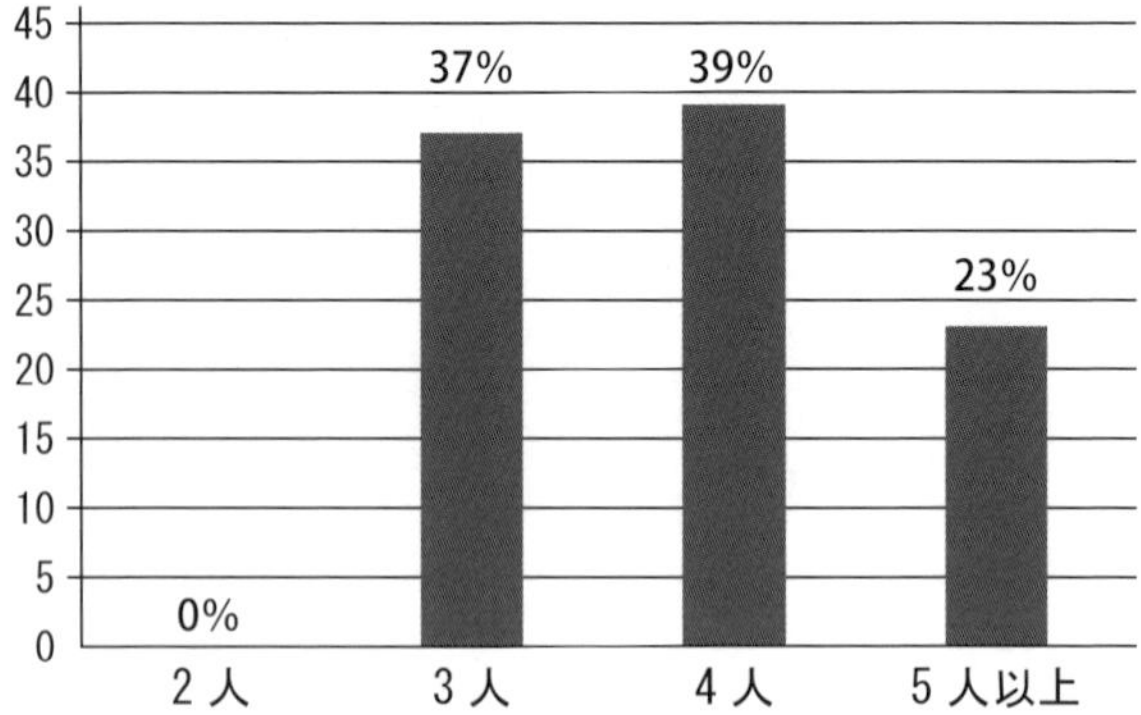

問2　あなたの家族の人数を教えて下さい。

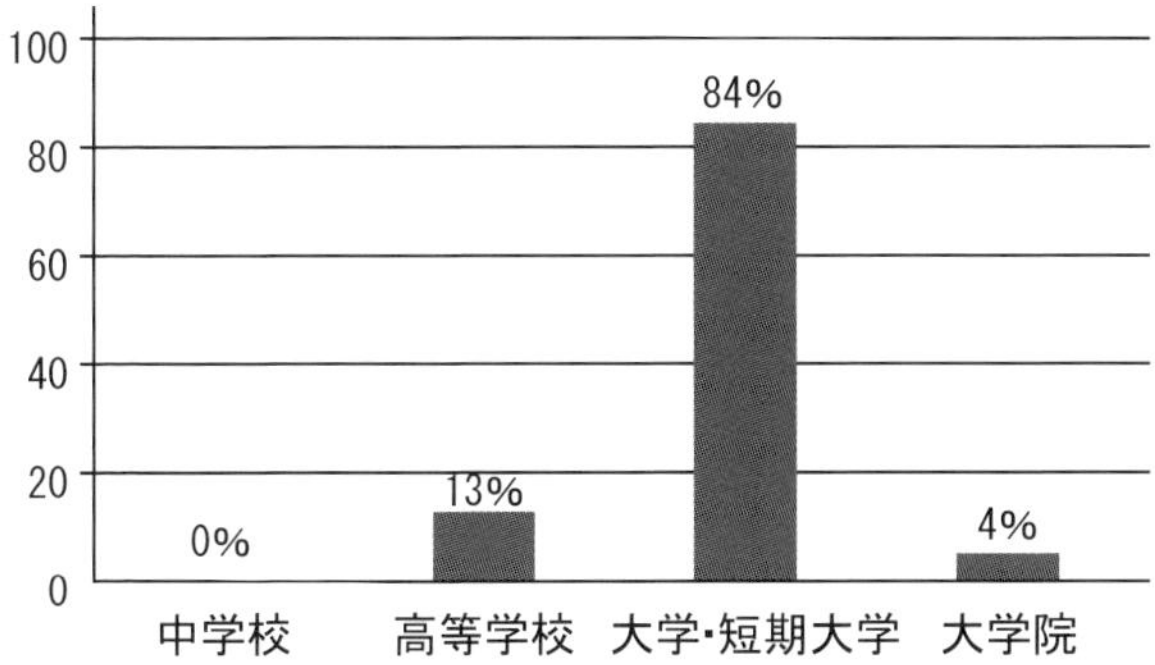

問３　あなたの最終学歴を教えて下さい。

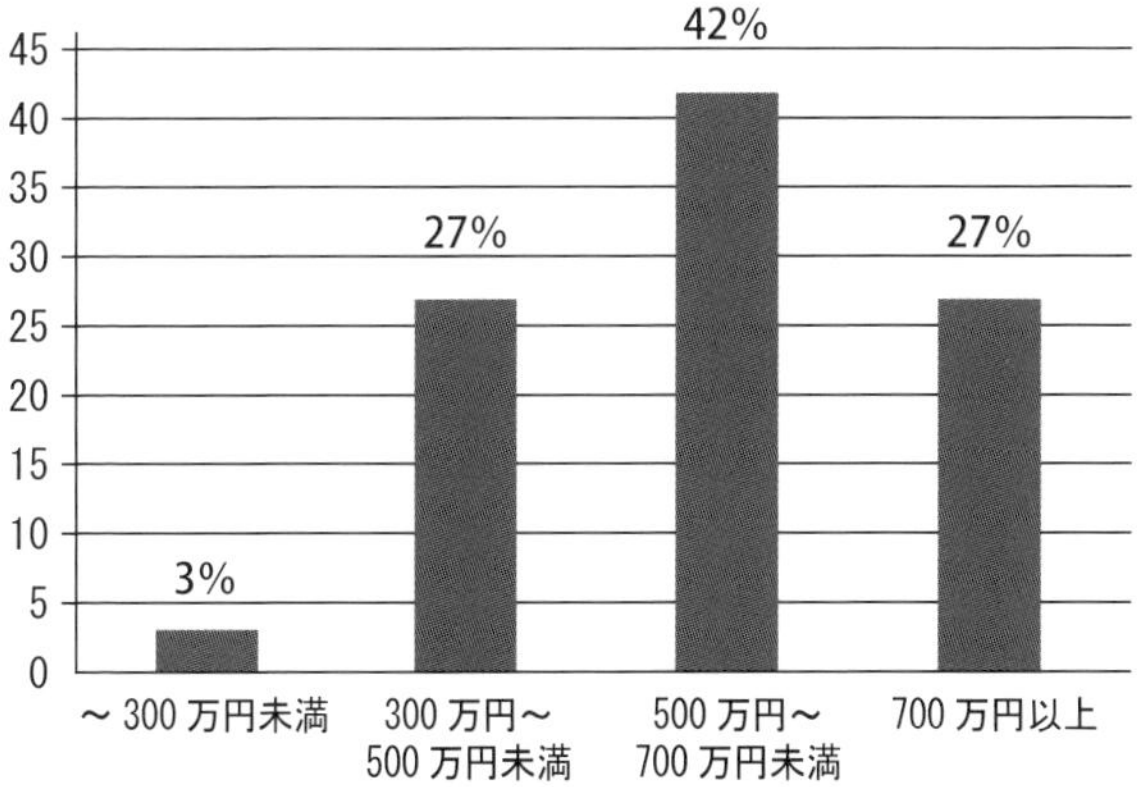

問４　あなたの世帯収入を教えて下さい。

が分かる。大学進学率の平均は全国で53・2%、兵庫県は59%であるから、それと比べても神戸のママはたの母親たちは圧倒的に高学歴である。

問4では、各世帯の収入を聞いた。その結果、500万円~700万円が42%で最も多く、次いで300万円~500万円と700万円以上が共に27%となった。

厚生労働省「平成27年 国民生活基礎調査の概況」によれば、全国の平均年齢30歳から39歳の1世帯の平均所得は558万円。また、子どもが3歳未満の1世帯の平均所得は643万円である。それと比較すると、ママはたの母親たちの世帯収入は全国平均に近い。しかし、アンケート結果では700万円以上の世帯収入も27%ある。全体から見ると、ママはたの母親たちの世帯収入は平均的か平均より高めであるといえるのではないだろうか。ただし今回は単純に世帯の「収入」だけで質問をしているので、サラリーマン世帯と自営業世帯など回答者によっては「収入」の理解の仕方が異なることも考えられる。

母親たちの働き方への意識

では、母親たちは将来の働き方についてどのような意識を持っているだろうか。母親たちはばりばり働くバリキャリをめざしているだろうか、それもとゆったりと生活を楽しむゆるキャリをめざしているだろうか。問5から問10までの結果からそれを見ていこう。

まず、**問5**では、将来、何らかの形で働きたいと考えているかどうかを尋ねた。その結果、78％の圧倒的多数の母親が将来の就労を希望していることがわかった。

問6は将来どんな働き方をしたいか、という質問への回答である。

回答ではパートの割合が最も多く43％、次いで自営業・起業が28％、フルタイム（正社員）が20％という結果が出た。母親たちは必ずしも正社員を望んでいない。それよりも時間的ゆとりのあるパートの仕

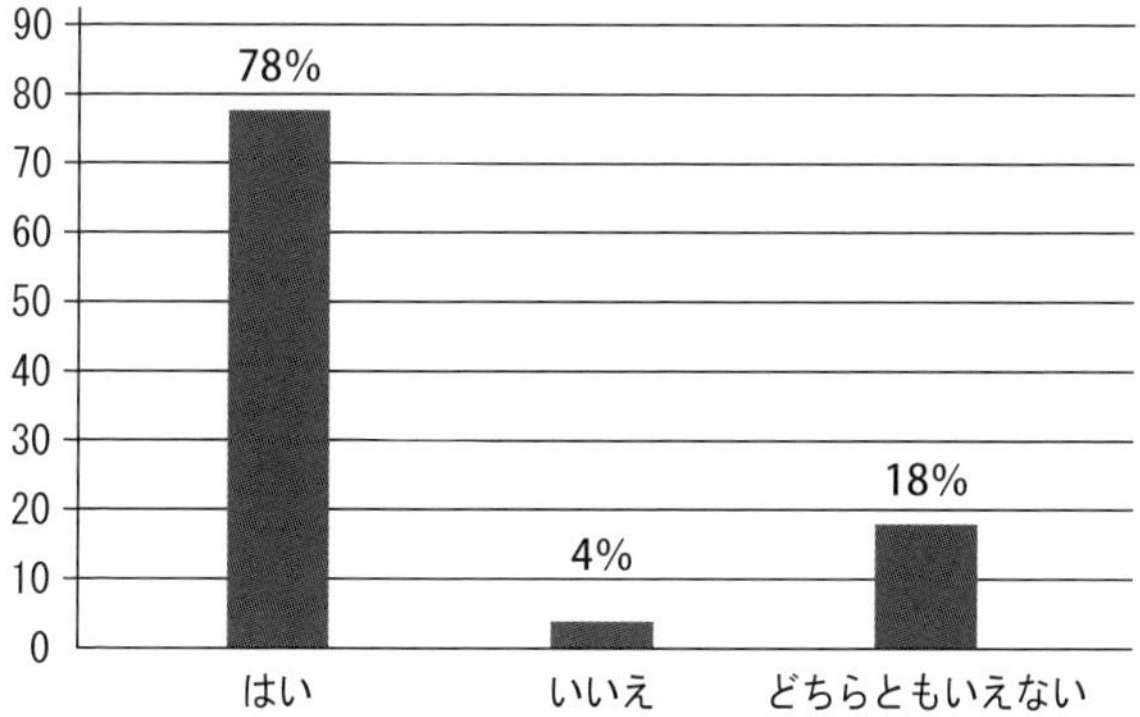

問5　あなたは将来、就労を希望しますか？

事を望んでいる。一般に日本では結婚、出産で離職した後、子どもに手がかからなくなると再就職するというケースが多い。また、一般に再就職では正社員として働くのでなくパートなどが多い。その一般的傾向がこのアンケート結果にも表れている。

興味深いのは「自営業・起業」が28％も占めていることだ。この理由は、現在ママはたが赤ちゃん先生とは別のプロジェクト（ママ脳総合研究所）を推進しており、子育てをしながら起業したりする「子育てと仕事の両立」を理念に掲げ、そうした働き方への勧誘、事例紹介や情報提供が絶えずなされているので、自然に起業意識が芽生えているからだと思われる。これはユニーク

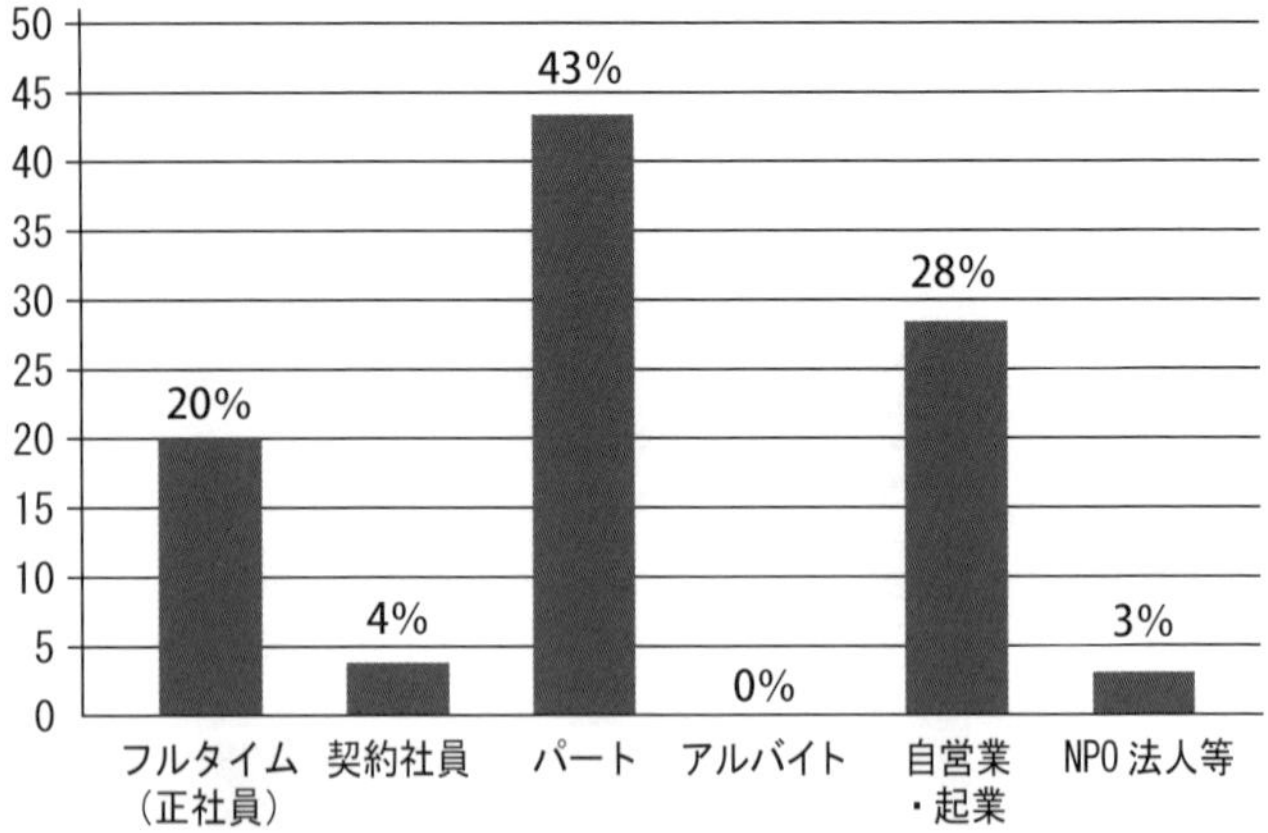

問6　問5で「就労を希望する」、または「今の時点ではどちらともいえない」と回答した方にお聞きします。将来働くとしたらどのような働き方を希望しますか？

な結果と言えるだろう。

問7、**問8**への回答も興味深い。母親たちは**問7**「子育てより仕事を優先させたいと思いますか」への回答では、合計87％が「どちらかと言えばそう思わない」「全くそう思わない」と回答している。圧倒的多数の母親が仕事より子育てを優先している。**問8**「バリバリ働くママに憧れますか」への回答でも同様に、合計69％が「どちらかと言えばそう思わない」「全くそう思わない」と否定的に回答している。多くの母親がバリバリ働く「バリキャリ」を希望していない。ママはたの母親たちはバリキャリよりは、ゆるキャリの働き方を希望していると想像できる。

家族との暮らし方への意識

問9と**問10**では、家族との暮らし方について質問した。**問9**「将来、仕事をしても家族との時間をとりたいですか」への回答ではほぼ合計１００％の割合で仕事をしても家族との時間を多くとりたいという回答結果となった。

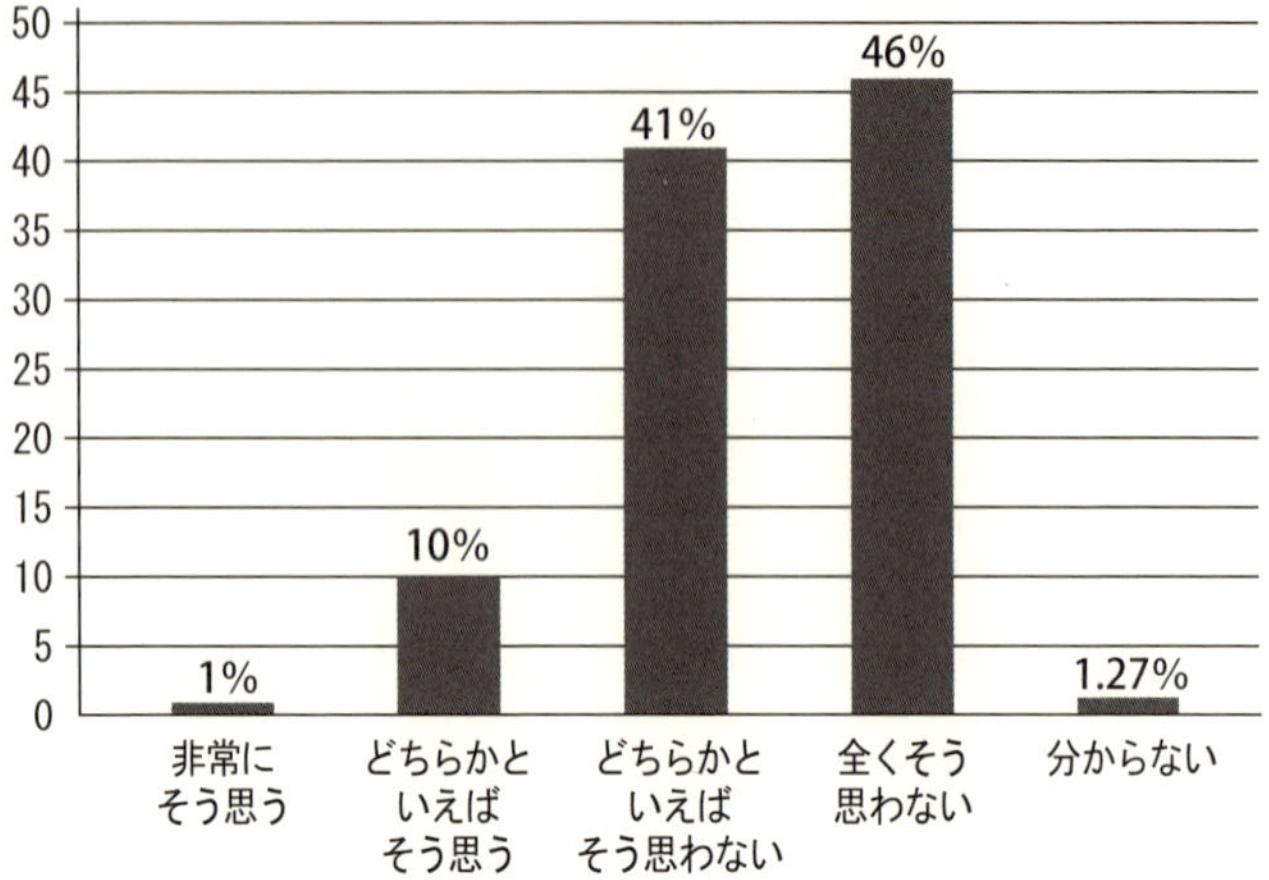

問7　あなたは将来、子育てより仕事を優先させたいと思いますか？

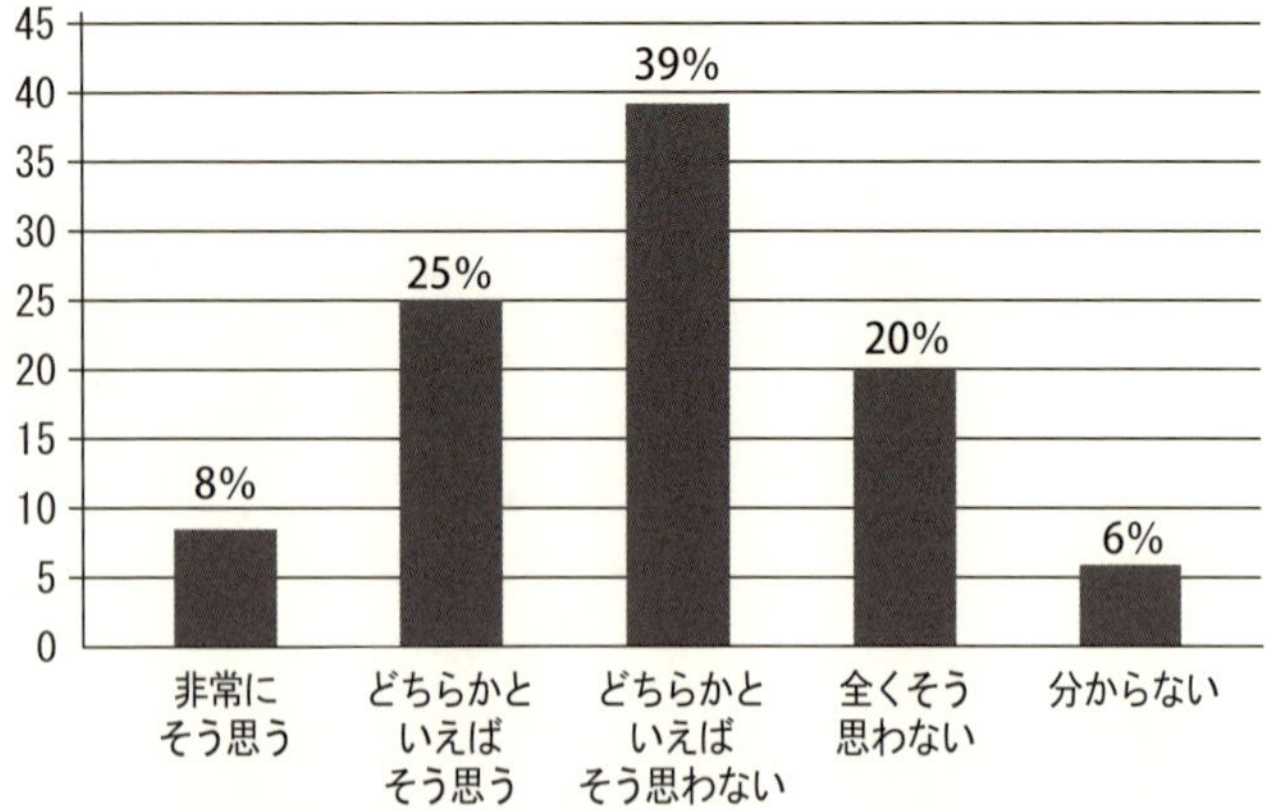

問8　あなたは専業主婦より、バリバリ働くママに憧れていますか？

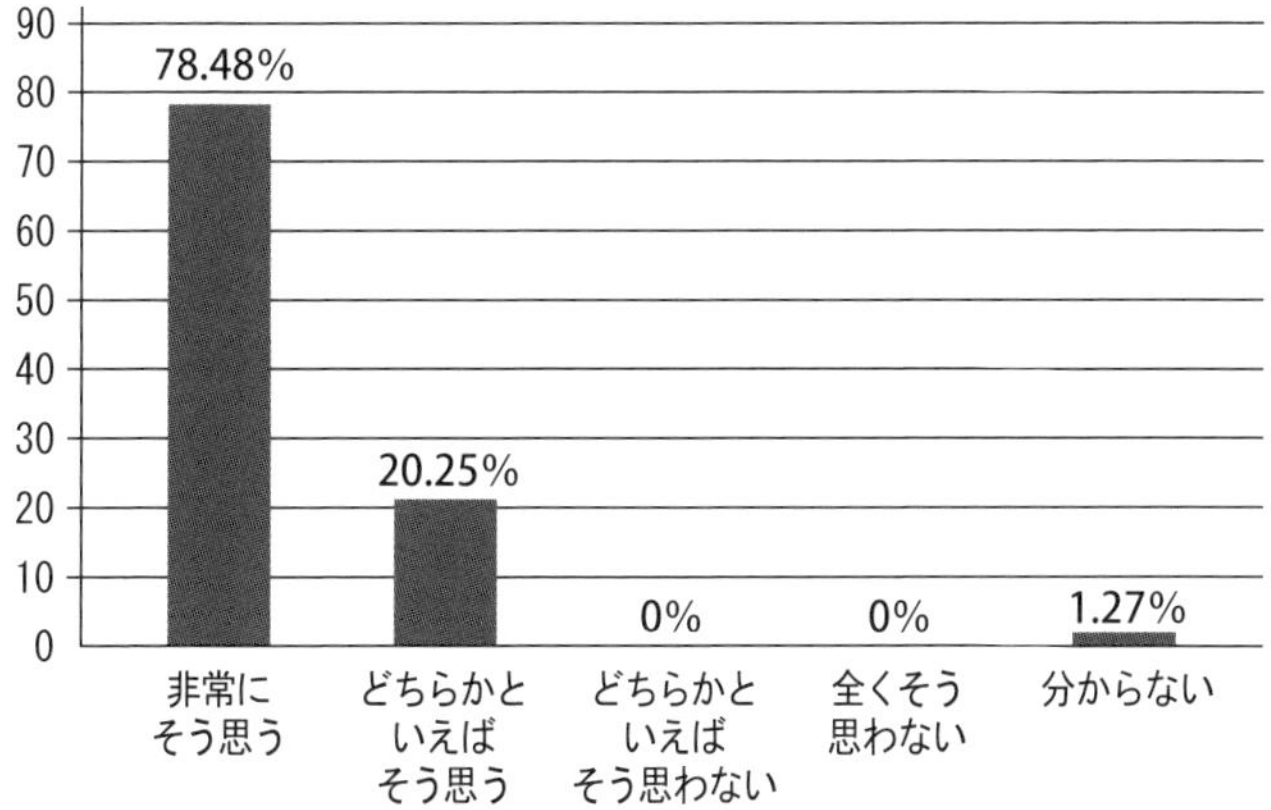

問9　あなたは将来、仕事をしても家族との時間を多くとりたいですか？

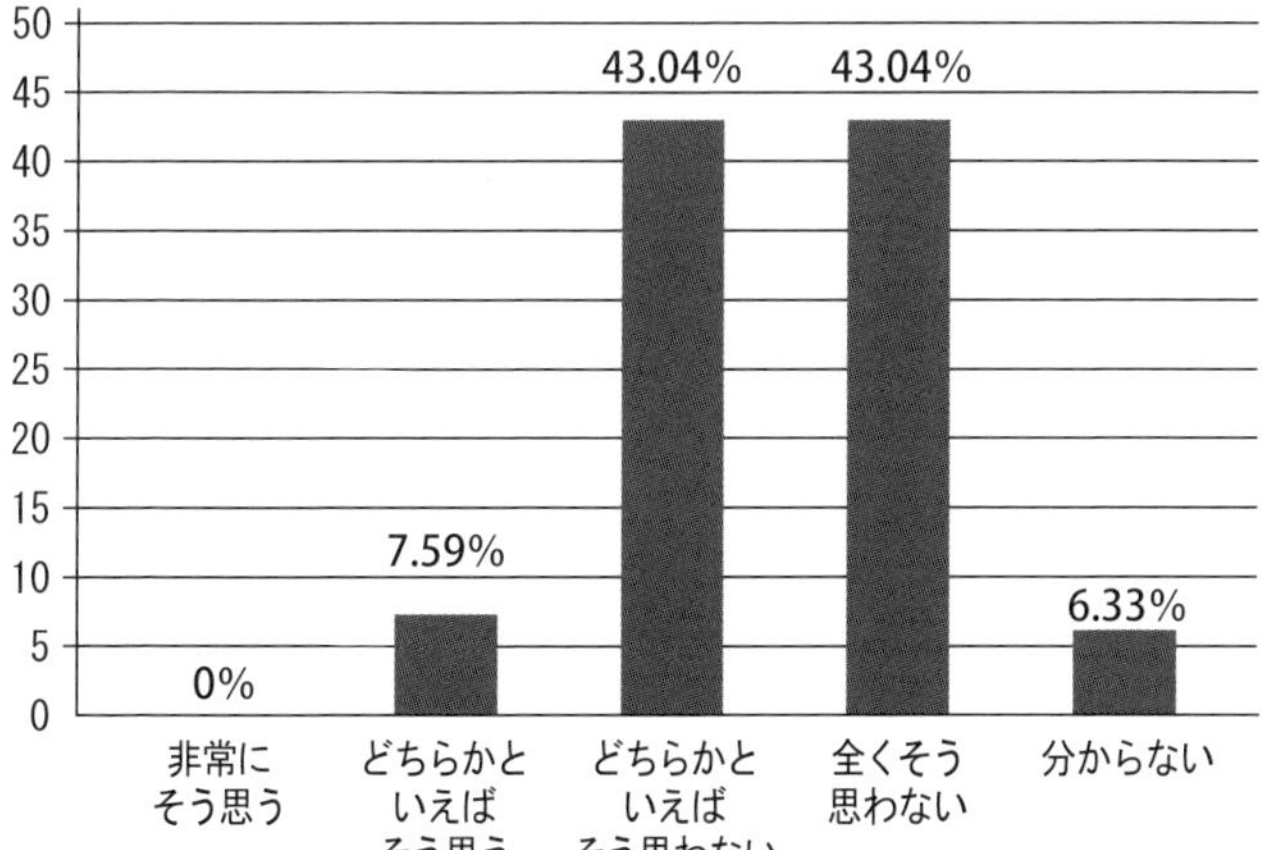

問10　あなたは楽しい暮らしをする（趣味や子育てなどを楽しむ）よりも、
収入が大切だと思いますか？

また同様に、**問10**「楽しい暮らしより収入が大切か」という質問でも、合計85％の母親が「どちらかといえばそう思わない」「全くそう思わない」と回答している。母親たちは収入よりも趣味や子育てなどを重視し、楽しい暮らしを大事にしたいと考えていると言える。

ママ講師たちのゆるキャリ志向

以上のアンケート結果より、NPOママはたに参加する母親たちのゆるキャリ志向が明らかになった。母親たちは将来、就労を希望している（**問5**）が、フルタイム（正社員）で働くよりは、パートや自営業・起業を目指している（**問6**）。バリバリ働くママへのあこがれもなく（**問8**）、家族との時間を大事にし（**問9**）、収入よりは趣味や子育てを楽しみたいと考えている（**問10**）。こうした母親たちのゆるキャリ志向が可能となっている理由の一つには、世帯の安定的収入が見込まれるからであろう（**問4**）

なお、**問6**の結果の欄でも述べたように、将来希望する母親たちの働き方では、パート（43％）に次いで、自営業・起業（28％）と多かった。これはママはたの母親たちに特徴的な働き方の将来希望だと思われる。

第10章でソーシャルビジネスの考え方を紹介した。ソーシャルビジネスは、ビジネスの手法を用いて地域にあるさまざまな問題を解決する取り組みである。ママはたの母親たちは、逆転の発想で子育て中がメリットとなる赤ちゃん先生クラスというソーシャルビジネスを開拓してきた。こうしたママはたの理念が母親たちにも共有されているのだろう。また、11章でもさまざまな活動に生きがいを持ち積極的に活躍するママリーダーたちを紹介した。ママリーダーたちの生き方は、ママはたの母親たちに一つの将来モデルを提供しているかもしれない。

現在、赤ちゃん先生クラス以外にもママはたの母親たちはさまざまなソーシャルビジネスを模索し始めている。楽しみと家庭を大事にし、家庭生活と仕事とのバランス（ワークライフバランス）が柔軟に取れる「ゆるやかな事業」が、母親たちの斬新な発想や強力なネットワークの力でこれから全国各地に立ち上がっていくことを期待したい。

【注】本章のアンケート調査は、神谷香帆『現代ママのキャリア形成とライフコース』（２０１６年度兵庫県立大学経済学部卒業研究）を利用している。

12章　参考文献

厚生労働省「平成27年 国民生活基礎調査の概況」
葉石かおり『あなたが辞めると言ったとき、上司はとめてくれますか？「ゆるキャリ」のススメ』講談社　2006年
メディケア生命「育児休業3年化と待機児童問題に関する意識調査」2013年（http://www.medicarelife.com/research/002/03/）

あとがき

私は育児や幼児教育を専門にする研究者ではない。もともと、東南アジアのタイの教育を30年前から研究してきた。タイと赤ちゃん先生ではかなりテーマが違う。けれども、振り返って見ると、幼児とそれを取り巻く周囲の人々についていつも関心を持ってきたと思う。

今でも鮮明に覚えている情景がある。かれこれ30年以上も前に、タイに友人を訪ねた時のことだ。タイの友人に連れられて教育関係の講演会に行った。

講演会が始まる頃になると、女性講師が自分の赤ちゃんをだっこして現れた。それだけでも驚いたけれど、そのまま当たり前のように壇上に上がった。壇上にいたスタッフ達は、これまた当たり前のように赤ちゃんを受け取り、だっこして壇上の隅に着席した。誰もそれを当たり前のように見守っていた。私はタイ人たちが赤ちゃんを自然に受け止める態度にとても感心した。

講演途中で赤ちゃんがぐずって泣き出した。けれども壇上の講演者も聴衆も特別なことが起こったようには見ていなかった。壇上のスタッフたちは何事もなかったかのように赤ちゃんを順番にあやしていた。そうして講演は終了した。講演内容は何も覚えていないが、赤ちゃんが公の場に自然にいて、周囲の人々に自然に育児される風景がともて印象深い記憶になった。

その後、頻繁にタイの農村を訪問することがあった。母親たちが軒下に集まり、赤ちゃんにおっぱいをやりながら、おしゃべりに興じていた。その周辺では子どもたちが近所の家に上がり込み、年齢や男女の区別なく一緒に遊んでいた。村には必ず仏教寺院があったが、そこでも子どもたちの歓声が夕焼けが沈む時まで響いていた。私は懐かしいものを見るような気持ちで村を歩いていた。

それからまた10年ほど過ぎて、アメリカの大学に滞在する機会があった。大学院の授業に参加すると、そこにも赤ちゃん連れのママ学生たちが何人もいた。授業中、赤ちゃんがぐずり出すと、ママ学生はケープをかぶせておっぱいをあげていた。そのときも、赤ちゃんが当たり前のようにいる教室風景をとても新鮮に感じた。

そんな自分の記憶に残る小さなエピソードを思い出してみると、自分はいつも赤ちゃんとそれを取り巻く人々に関心をもってきたのだと改めて気づいた。また、赤ちゃんが当たり前にいる風景を好ましく思う感性もあったのだろう。その関心や感性が、２０１２年から少しずつ続けてきた私の赤ちゃん先生クラス調査につながっている。

私はママはたが赤ちゃん先生クラスを本格的に開始する以前から、赤ちゃん先生クラスに強い関心も持ち、クラス開催先の開拓にも協力してきた。今の大学生たちは赤ちゃんが日常生活から消えてしまった現代社会に生きている。彼らが社会人になる前に、赤ちゃんと接する機会を作りたいと思い、自分の所属する大学でも今までずっと赤ちゃんクラスを実施してきている。

小学校から高校、大学、高齢者施設で行われる赤ちゃんクラスも、せっせと足を運んだ。そこでも赤ちゃんたちの笑顔を見るたびに癒やされた。そして、赤ちゃんが小学生から高齢者まですべての人を引きつけ幸せにする「魔法の力」に圧倒された。

また、赤ちゃん先生クラスでは、ママ講師たちの優秀な先生としてのふるまいに感心した。ママ講師たちは教育の専門家ではないけれども、参加者たちと同じ目の高さで話しかけ、対話が進んでいる。その意味で赤ちゃん先生クラスは、赤ちゃんも先生だが、母親たちも立派な先生になっている。

さらに、赤ちゃん先生を主催するＮＰＯ「ママはた」にもとても興味を持った。ママはたの母親たちが主催するさまざまな集まりやイベントにも参加した。そこでは、子育てママたちの生き生きとした活動ぶりに強く印象づけられた。赤ちゃん先生に参加するママたちのエネルギーはどこから来るのか調べたいと思い、小学校調査と同時並行で母親たちへのインタビューを始めた。

２０１２年から始まった赤ちゃん先生プロジェクトは、最初はママ講師が10数名しかいなかった。しかし、3年後の２０１５年には千人を超え、２０１７年には2千人を超えた。現在、開催地は北海道から沖縄まで全国に拡大している。なぜこれほど急速に拡大したのだろうか。

それは、第3部で述べたようにソーシャルビジネスの仕組みが効果的に展開したからだと思う。赤ちゃん先生プロジェクトは「育児中のママだからできる仕事」の実現を目指したソーシャルビジネスである。育児に忙しい母親たちの参加を促すために、一回のクラス参加で２０００円の謝金を得られるビジネスモデルを構築したことによって、これだけ早く全国に拡大することができたのだろう。育児支援ＮＰＯが進めるソーシャルビジネスの一つの成功例といえよう。

もちろんこのプロジェクトに課題がないわけではない。クラス開催の場や機会は格段に増えているが、ママ講師たちのスキルアップやクラス内容の開発や改善はそれに追いついていない。一番大きな課題だと思う。

現状ではまだまだ課題を持ってはいるが、出産後の母親が育児をしながら働くことが困難な日本社会において、新しい発想で問題解決を提案しているユニークなプロジェクトであることに間違いはない。これからもこの事業を応援したい。

また、本書によるこうしたソーシャルビジネスの事例紹介を通して、母親たちの社会参加や就業を支援する団体が、今後、全国に増加し、母親たちの多様な働き方が可能になる社会が実現することを期待したい。

最後になったが、本書で取り上げた調査にご協力いただいた学校とママ講師の皆様、また執筆の一番の動機づけをしてくれた赤ちゃんたちに感謝申し上げます。

筆者紹介

野津隆志（のつたかし）

島根県生まれ

筑波大学人間学類、同大学院教育学研究科修了

現在、兵庫県立大学政策科学研究所教授

教育人類学専攻（教育学博士）

私の赤ちゃんは、先生です。

2018年4月1日　第1刷発行
2019年5月24日　第2刷発行

著　者　野津隆志

発行所　学術研究出版／ブックウェイ
〒670-0933　姫路市平野町62
TEL.079（222）5372　FAX.079（244）1482
https://bookway.jp

印刷所　小野高速印刷株式会社

ISBN978-4-86584-307-1